Karl-Heinz Spröd

Knobelaufgaben im Zahlenraum bis 20

Differenzierte Arbeitsmaterialien für den offenen Unterricht

Gedruckt auf umweltbewusst gefertigtem, chlorfrei gebleichtem und alterungsbeständigem Papier.

1. Auflage 2015
© Persen Verlag, Hamburg
AAP Lehrerfachverlage GmbH
Alle Rechte vorbehalten.

Das Werk als Ganzes sowie in seinen Teilen unterliegt dem deutschen Urheberrecht. Der Erwerber des Werkes ist berechtigt, das Werk als Ganzes oder in seinen Teilen für den eigenen Gebrauch und den Einsatz im Unterricht zu nutzen. Die Nutzung ist nur für den genannten Zweck gestattet, nicht jedoch für einen weiteren kommerziellen Gebrauch, für die Weiterleitung an Dritte oder für die Veröffentlichung im Internet oder in Intranets. Eine über den genannten Zweck hinausgehende Nutzung bedarf in jedem Fall der vorherigen schriftlichen Zustimmung des Verlages.

Sind Internetadressen in diesem Werk angegeben, wurden diese vom Verlag sorgfältig geprüft. Da wir auf die externen Seiten weder inhaltliche noch gestalterische Einflussmöglichkeiten haben, können wir nicht garantieren, dass die Inhalte zu einem späteren Zeitpunkt noch dieselben sind wie zum Zeitpunkt der Drucklegung. Der Persen Verlag übernimmt deshalb keine Gewähr für die Aktualität und den Inhalt dieser Internetseiten oder solcher, die mit ihnen verlinkt sind, und schließt jegliche Haftung aus.

Cover: Stefan Lucas
Grafik: Stefan Lucas
Satz: Satzpunkt Ursula Ewert GmbH, Bayreuth

ISBN 978-3-403-23539-2

www.persen.de

Inhaltsverzeichnis

Vowort

Die vorliegende Knobel-Aufgabensammlung ist ein hervorragendes Lehr- und Trainingsmaterial in ansprechender, vielfältiger Form. Die Schüler trainieren spielerisch und kindgerecht Grundlagen des Mathematikunterrichts. Damit kann besonders bei Grundschülern logisches Denken, schnelles Kopfrechnen sowie Freude am Probieren und Entwickeln von Strategien gefördert werden.

Auf feste Pappe kopiert und ausgeschnitten sind die Karten schnell einsatzbereit und lassen sich in vielerlei Hinsicht in den offenen Unterricht integrieren: als Aufgaben im Rahmen der Wochenplanarbeit, der freien Arbeit, als Knobel-Aufgaben der Woche/des Monats, für die Einstiegs- oder Schlussphase des Unterrichts oder auch zur Differenzierung. Die Aufgaben können dabei von den Kindern allein, oder in Partnerarbeit gelöst werden.

Die Schüler rechnen in den unterschiedlichen Schwierigkeitsgraden , , mit den Zahlen 1 bis 9, was ein Lernen nach individuellen Voraussetzungen ermöglicht.

Die angebotenen Hilfskarten und vorliegenden Lösungen verhelfen den Kindern zu einem selbstständigen Arbeiten. Auf diese Weise werden Eigenverantwortung und Selbstorganisation gefördert.

Ich wünsche Ihnen und Ihren Schülern viel Freude mit dem Material.

Karl-Heinz Spröd

© Persen Verlag

Hilfskarten

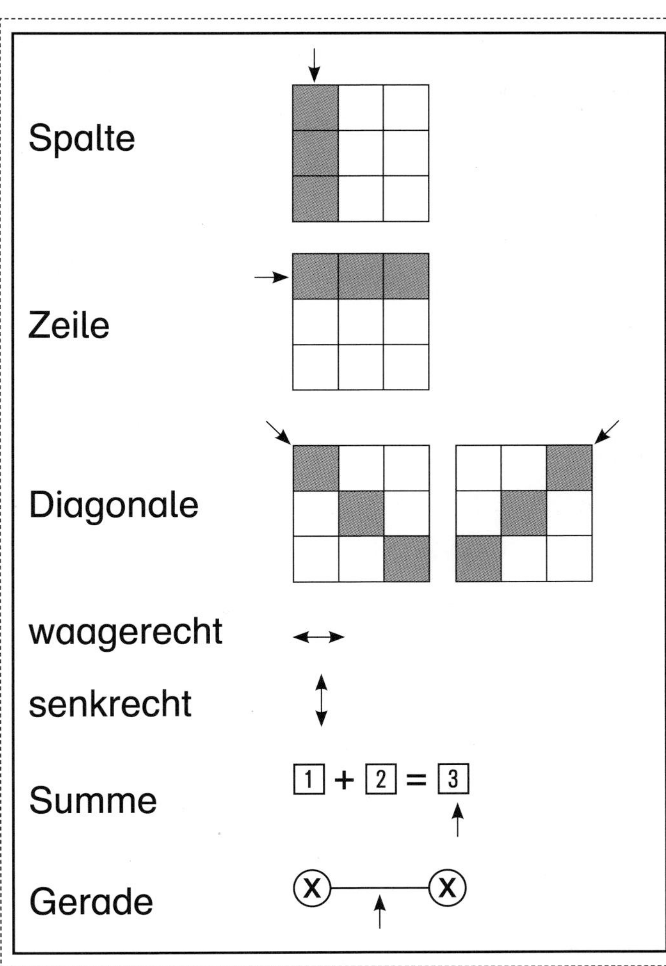

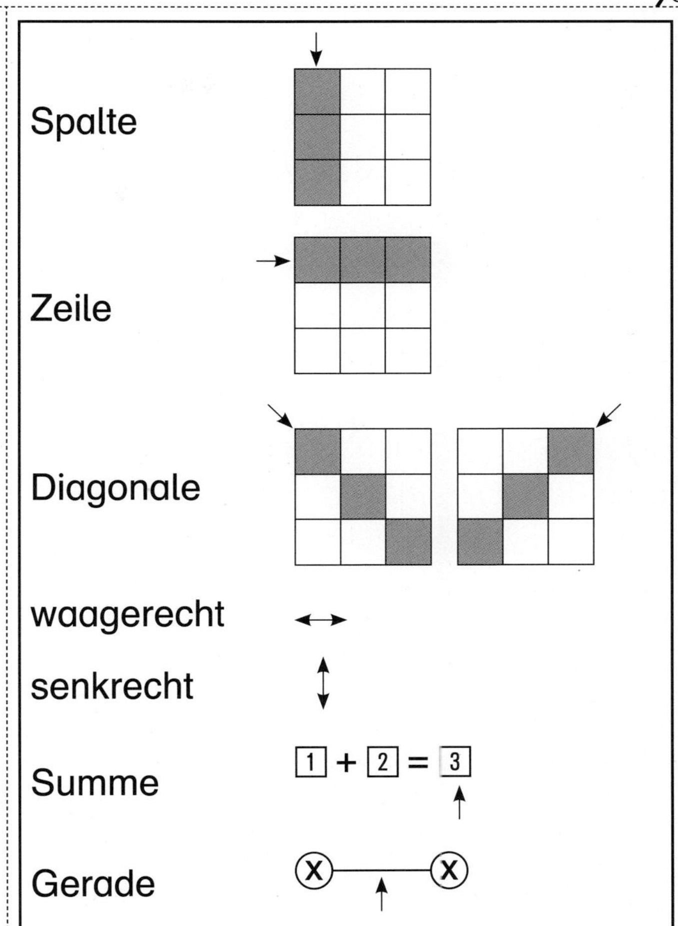

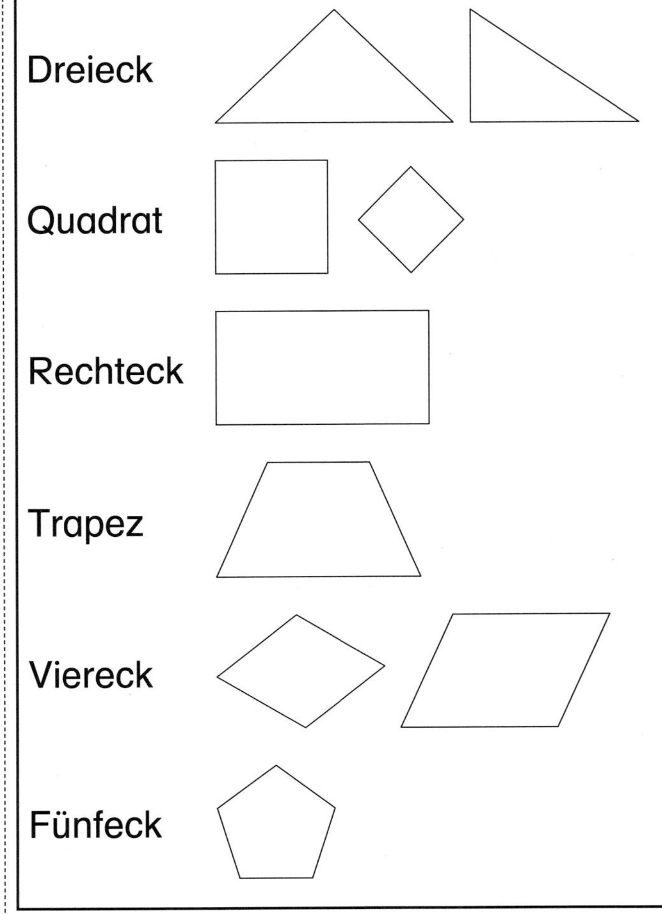

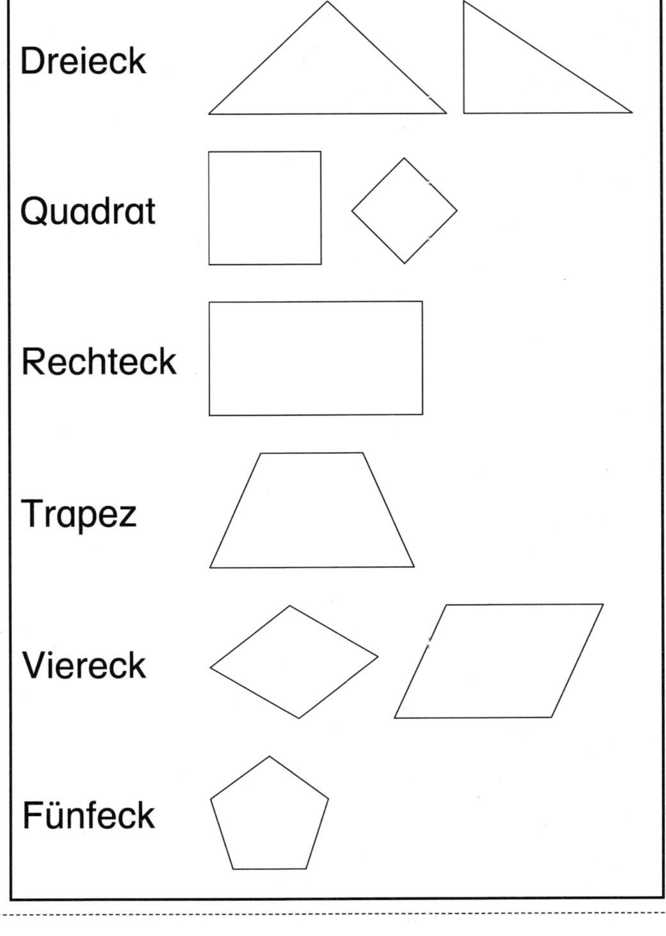

© Persen Verlag

Zahlenspiel mit Quadraten

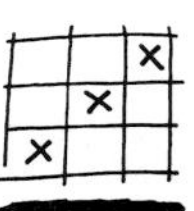

1

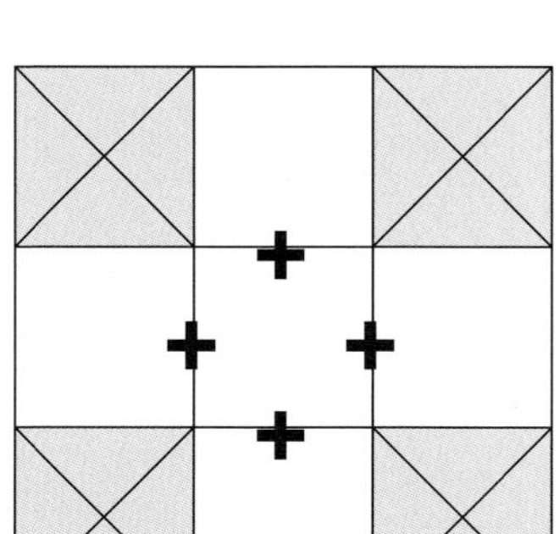

Schreibe die Zahlen [1], [2], [3], [4], [5].
Die Summe der Zahlen
soll waagerecht und senkrecht gleich sein.

2

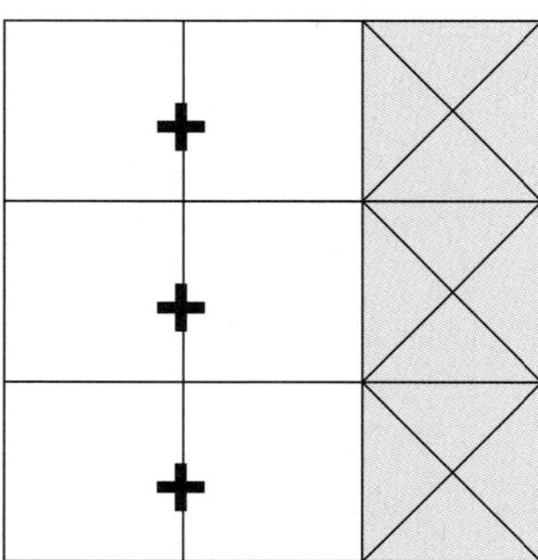

Schreibe die Zahlen [1], [2], [3], [4], [5], [6].
Die Summe der Zahlen
soll in der ersten, zweiten und dritten Zeile
gleich sein.

3

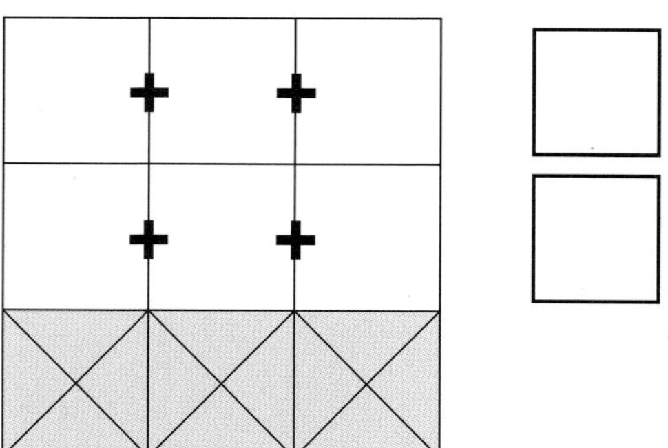

Schreibe die Zahlen [1], [2], [3], [4], [5], [6].
Die Summe der Zahlen
in der zweiten Zeile soll zweimal größer
als in der ersten Zeile sein.

4

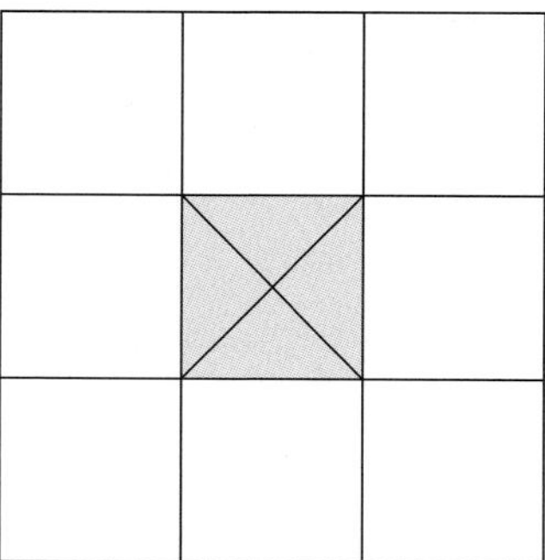

Schreibe die Zahlen [1], [2], [3], [4],
[5], [6], [7], [8].
Die Summe der gegenüberliegenden Zahlen
soll gleich sein.

K.-H. Spröd: Knobelaufgaben im Zahlenraum bis 20
© Persen Verlag

Zahlenspiel mit Quadraten

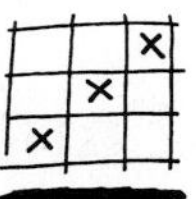

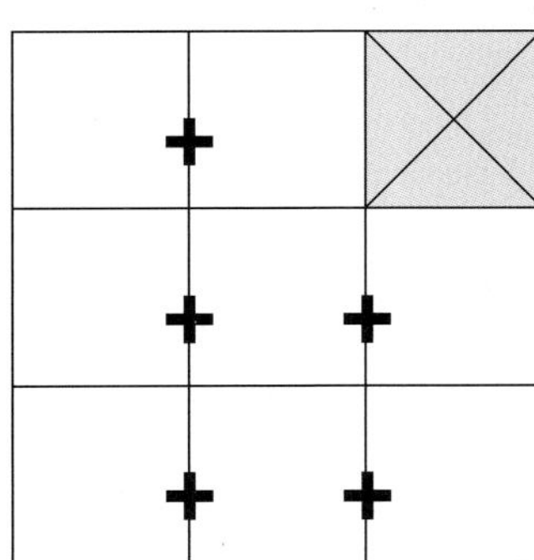

Schreibe die Zahlen [1], [2], [3], [4], [5], [6], [7], [8].
Die Summe der Zahlen soll in jeder Zeile gleich sein.

6

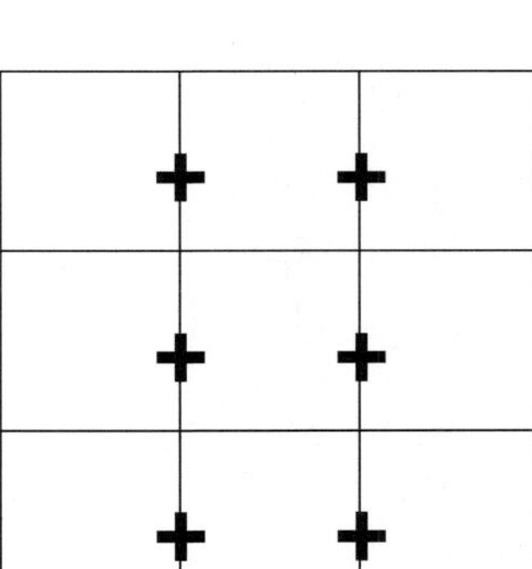

Schreibe die Zahlen [1], [2], [3], [4], [5], [6], [7], [8], [9].
Die Summe der Zahlen soll in jeder Zeile gleich sein.

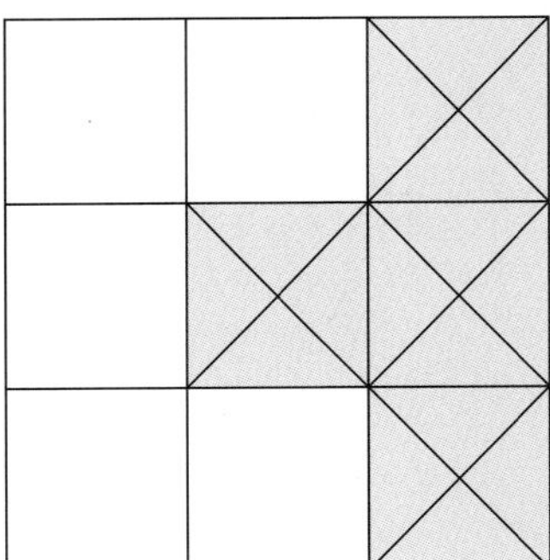

Schreibe die Zahlen 1 bis 5.
Die Summe der Zahlen soll in der ersten und dritten Zeile und in der ersten Spalte gleich sein.

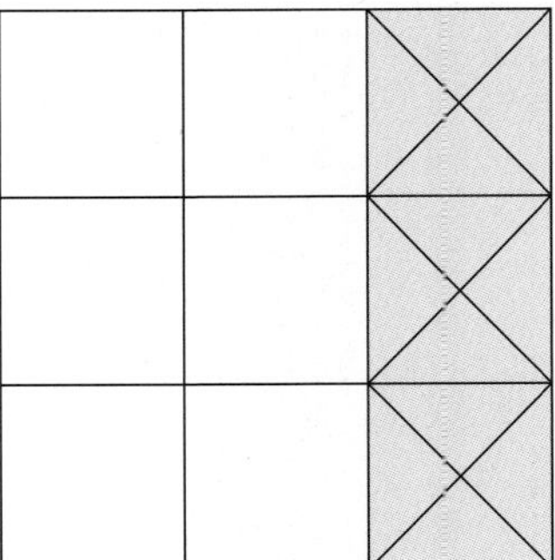

Schreibe die Zahlen 1 bis 6.
Die Summe der Zahlen soll in der ersten, zweiten und dritten Zeile und in der ersten Spalte gleich sein.

© Persen Verlag

Zahlenspiel mit Quadraten

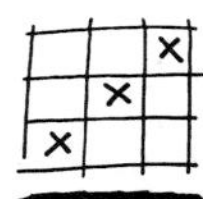

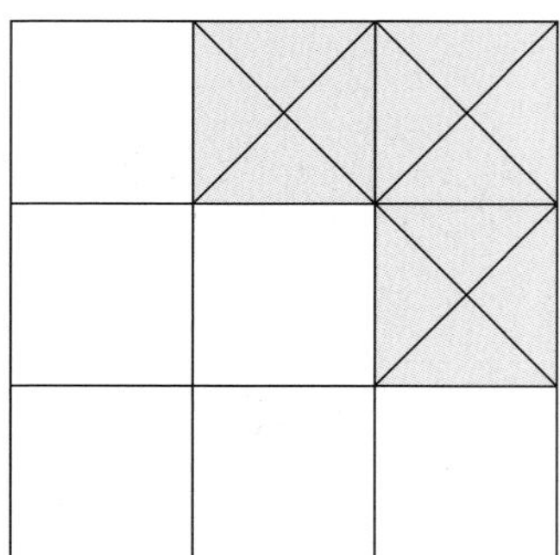

Schreibe die Zahlen 1 bis 6.
Die Summe der Zahlen
soll in der dritten Zeile,
der ersten Spalte und
in beiden Diagonalen gleich sein.

10

Schreibe die Zahlen 1 bis 6.
Die Summe der Zahlen
soll in der ersten und zweiten Zeile und
in der ersten Spalte gleich sein.

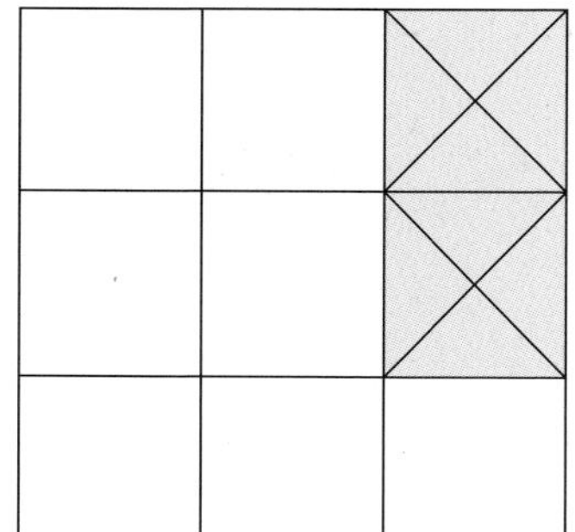

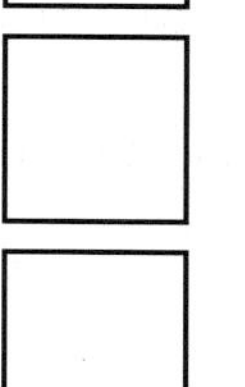

Schreibe die Zahlen 1 bis 7.
Die Summe der Zahlen
soll in der ersten und zweiten Zeile gleich sein
und in der dritten Zeile doppelt so groß sein.

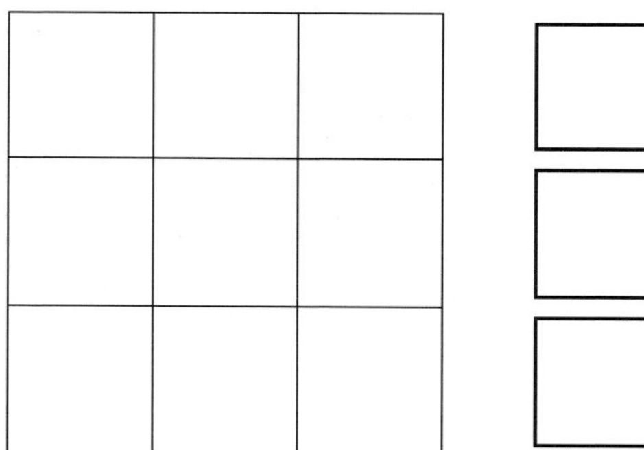

Schreibe die Zahlen 1 bis 9.
Die Summe Zahlen soll in der ersten Zeile
um fünf kleiner
und in der dritten um fünf größer sein
als in der zweiten Zeile.

K.-H. Spröd: Knobelaufgaben im Zahlenraum bis 20
© Persen Verlag

(13)

Schreibe die Zahlen 1 bis 8.
Die Summe der Zahlen
in der ersten Zeile um 1 kleiner und
in der dritten um 1 größer als in der zweiten
Zeile ist.

(14)

Schreibe die Zahlen 1 bis 8.
Die Summe der Zahlen
in der zweiten Zeile zweimal und
in der dritten dreimal größer ist als in
der ersten Zeile.

(15)

Schreibe die Zahlen 1 bis 8.
Die Summe der Zahlen
in der zweiten Zeile zweimal und
in der dritten dreimal größer ist als in
der ersten Zeile.

(16)

Schreibe die Zahlen 1 bis 8.
Die Summe der Zahlen
in der ersten und zweiten Zeile gleich ist und
in der dritten Zeile doppelt so groß ist.

© Persen Verlag

Zahlenspiel mit Quadraten

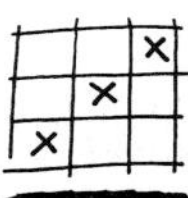

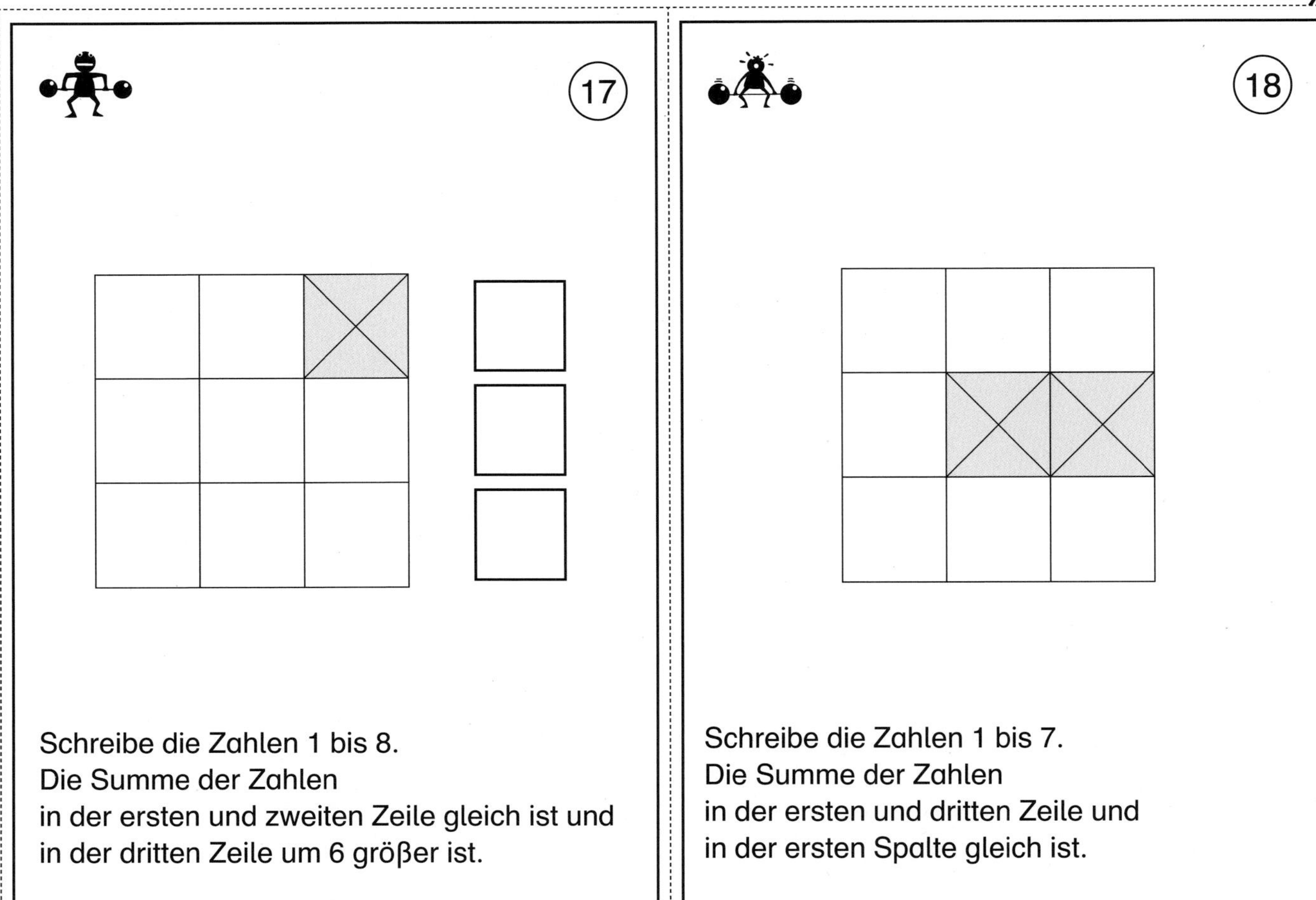

Schreibe die Zahlen 1 bis 8.
Die Summe der Zahlen
in der ersten und zweiten Zeile gleich ist und
in der dritten Zeile um 6 größer ist.

Schreibe die Zahlen 1 bis 7.
Die Summe der Zahlen
in der ersten und dritten Zeile und
in der ersten Spalte gleich ist.

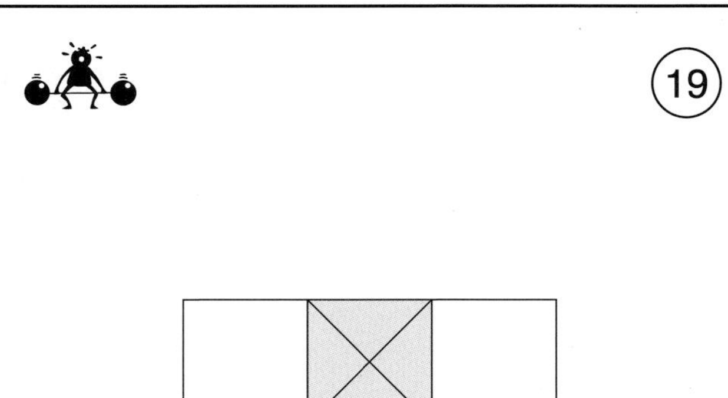

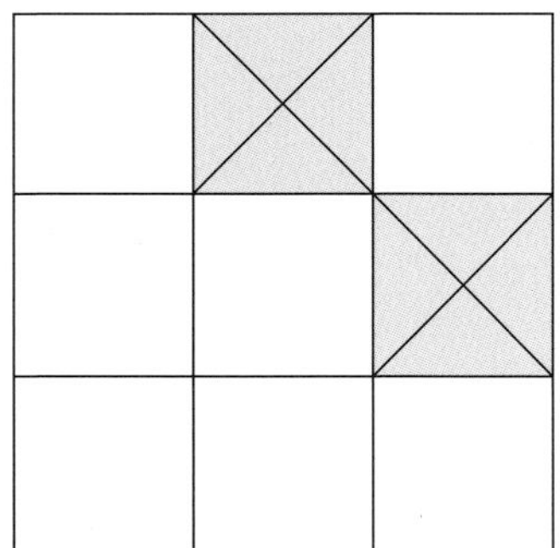

Schreibe die Zahlen 1 bis 7.
Die Summe der Zahlen
in der dritten Zeile, der ersten Spalte und
in beiden Diagonalen gleich ist.

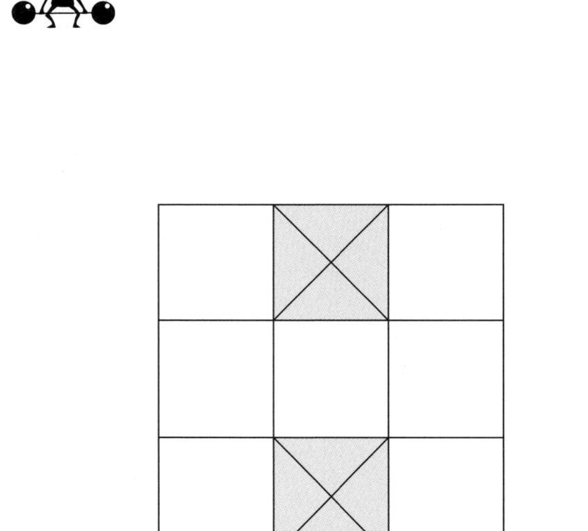

Schreibe die Zahlen 1 bis 7.
Die Summe der Zahlen
in der zweiten Zeile und
in beiden Diagonalen gleich ist.

© Persen Verlag

Zahlenspiel mit Quadraten

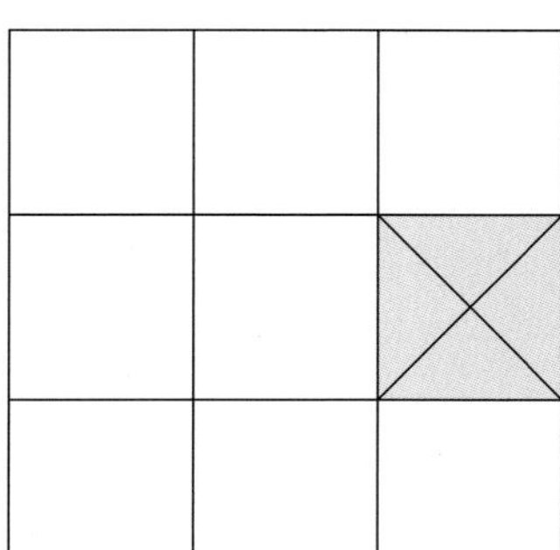

Schreibe die Zahlen 1 bis 8.
Die Summe der Zahlen
in der ersten, zweiten und dritten Zeile und
in der ersten Spalte gleich ist.

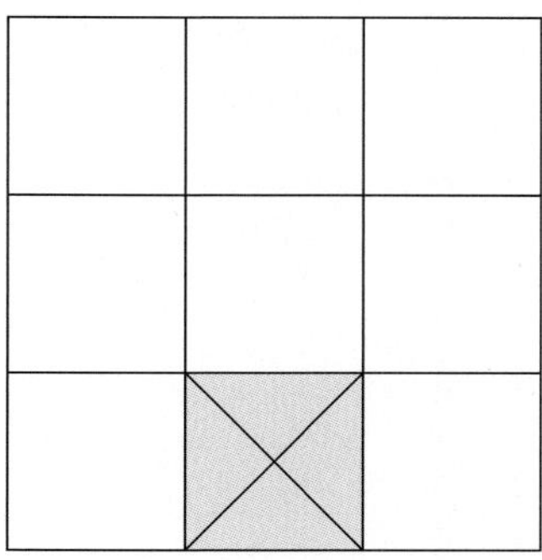

Schreibe die Zahlen 1 bis 8.
Die Summe der Zahlen
in der zweiten Zeile, in der zweiten Spalte und
in beiden Diagonalen gleich ist.

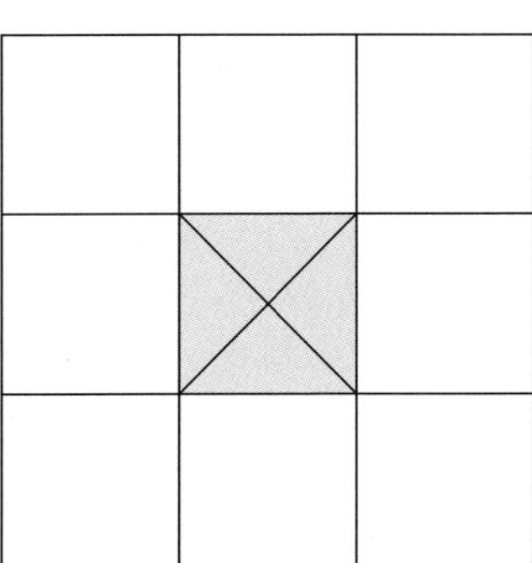

Schreibe die Zahlen 1 bis 8.
Die Summe der Zahlen
in der ersten und dritten Zeile und
in der ersten und dritten Spalte gleich ist.

Schreibe die Zahlen 1 bis 9.
Die Summe der Zahlen
in allen Zeilen, allen Spalten und
beiden Diagonalen gleich ist.

© Persen Verlag

Zahlenspiel mit Geraden

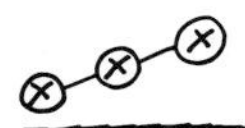

Schreibe die Zahlen 1, 2, 3, 4, 5.
Auf einer Geraden soll die Summe der Zahlen zweimal größer sein, als auf der anderen.

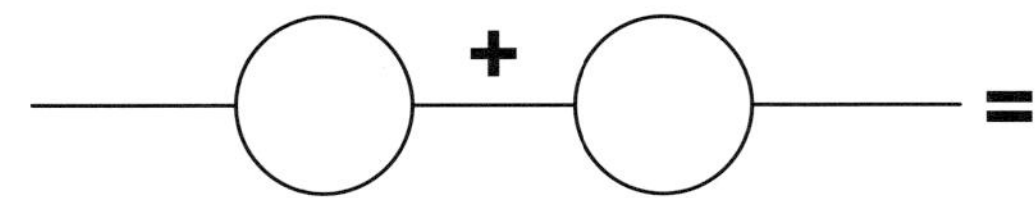

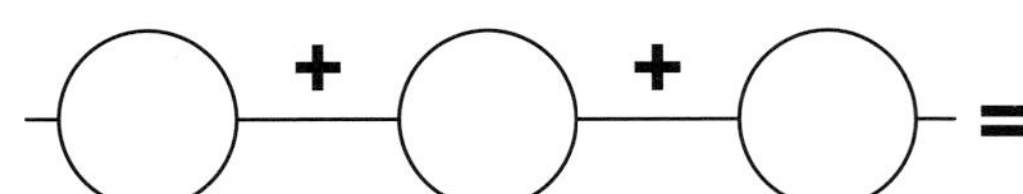

1

Schreibe die Zahlen 1, 2, 3, 4, 5, 6.
Auf allen Geraden soll die Summe der Zahlen gleich sein.

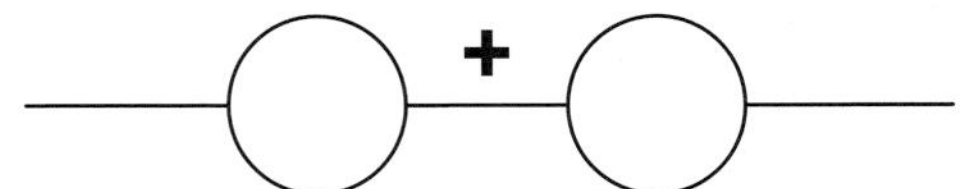

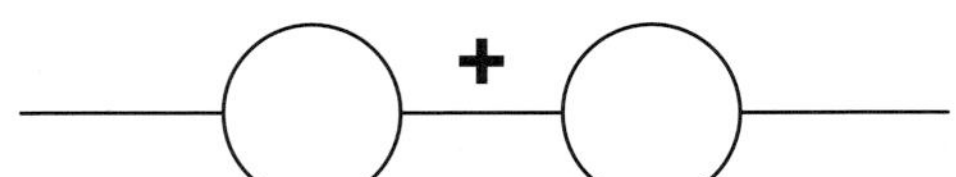

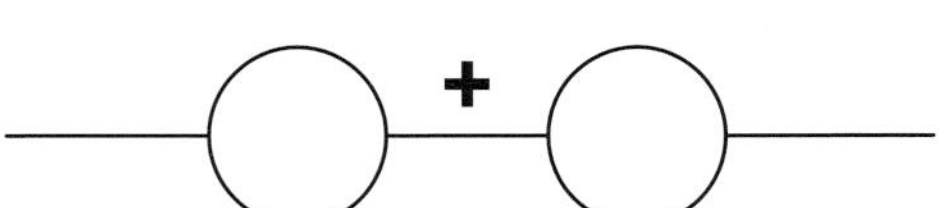

2

Schreibe die Zahlen 1, 2, 3, 4, 5.
Auf einer Geraden soll die Summe der Zahlen viermal größer sein, als auf der anderen.

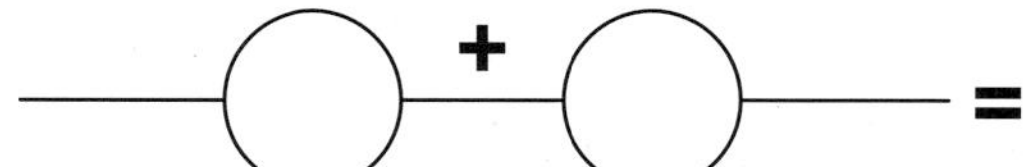

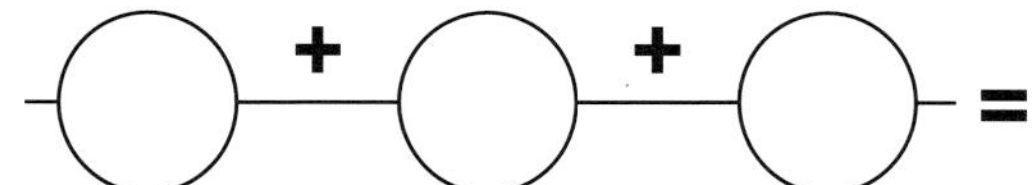

3

Schreibe die Zahlen 1, 2, 3, 4, 5, 6.
Auf einer Geraden soll die Summe der Zahlen zweimal größer sein, als auf der anderen.

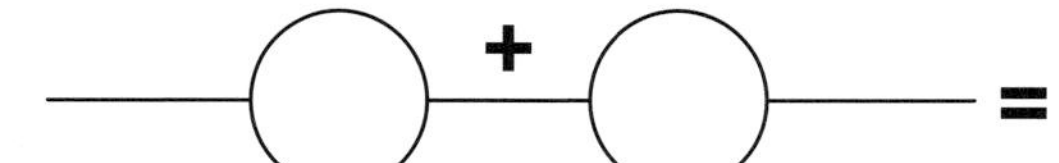

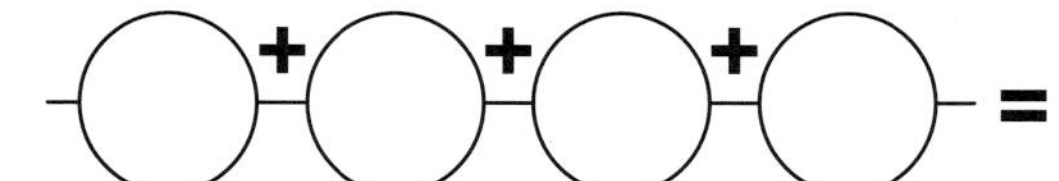

4

© Persen Verlag

Zahlenspiel mit Geraden

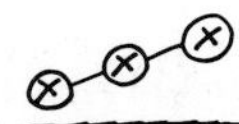

Schreibe die Zahlen 1, 2, 3, 4, 5, 6.
Auf einer Geraden soll die Summe der Zahlen zweimal größer sein, als auf der anderen.

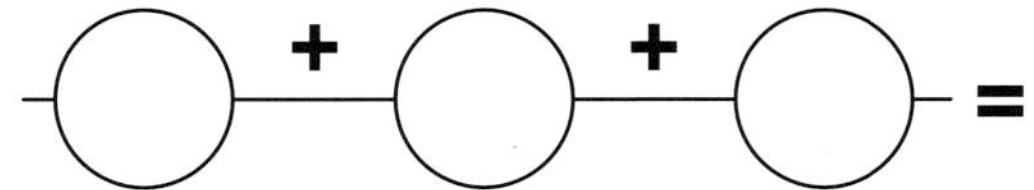

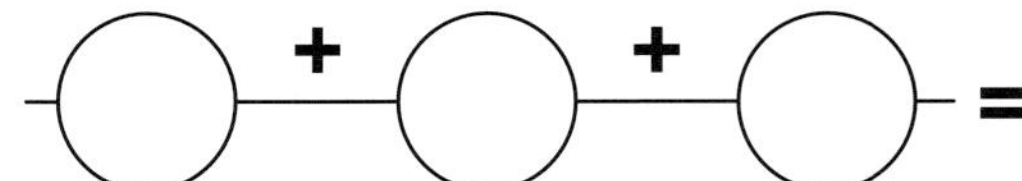

5

Schreibe die Zahlen 1, 2, 3, 4, 5, 6, 7.
Auf allen Geraden soll die Summe der Zahlen gleich sein.

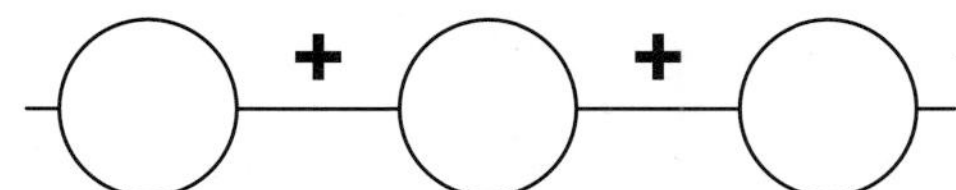

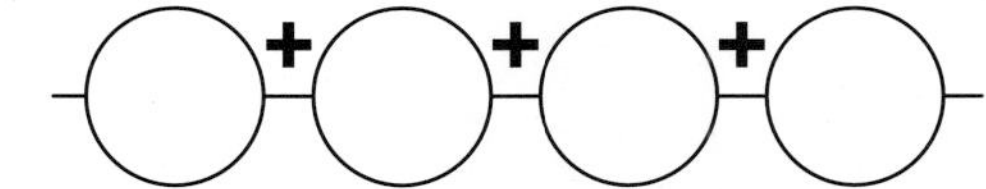

6

Schreibe die Zahlen 1, 2, 3, 4, 5, 6, 7, 8.
Auf allen Geraden soll die Summe der Zahlen gleich sein.

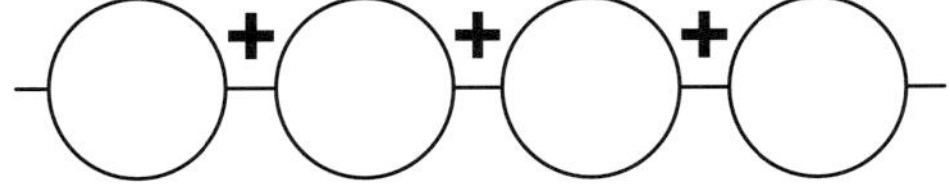

7

Schreibe die Zahlen 1, 2, 3, 4, 5, 6, 7, 8.
Auf allen Geraden soll die Summe der Zahlen gleich sein.

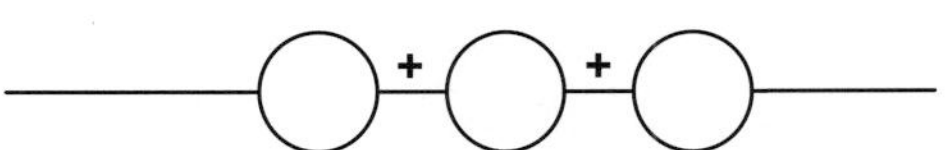

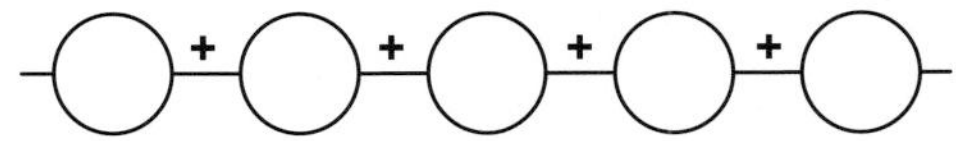

8

© Persen Verlag

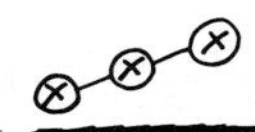

Schreibe die Zahlen 1, 2, 3, 4, 5, 6, 7, 8.
Auf allen Geraden soll die Summe der Zahlen gleich sein.

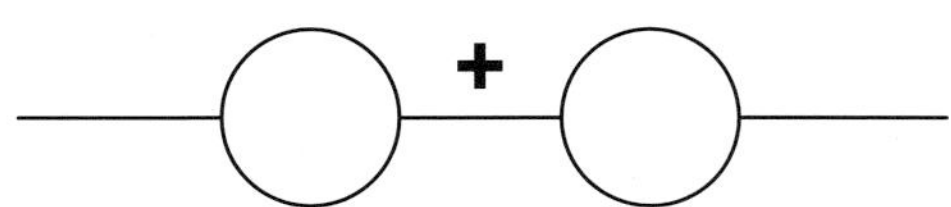

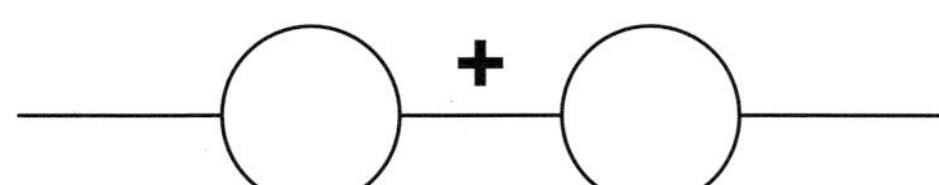

9

Schreibe die Zahlen 1, 2, 3, 4, 5, 6, 7, 8.
Auf allen Geraden soll die Summe der Zahlen gleich sein.

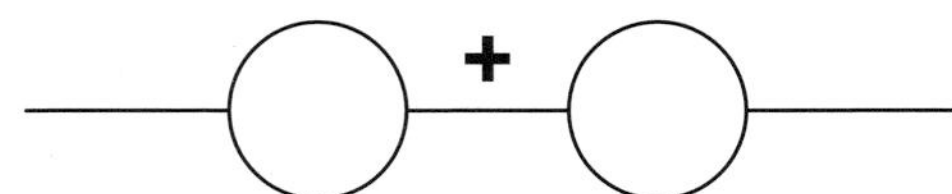

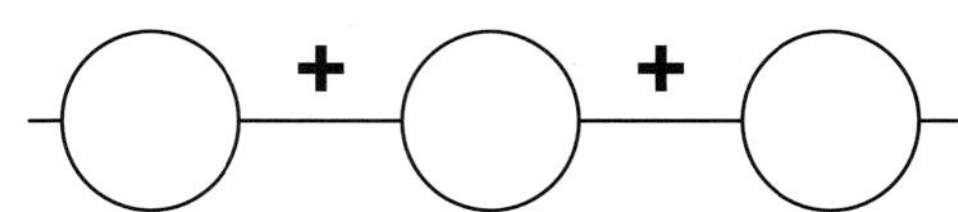

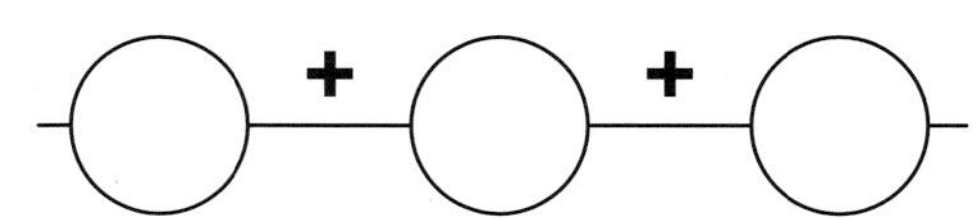

10

Schreibe die Zahlen 1, 2, 3, 4, 5, 6, 7, 8.
Auf allen Geraden soll die Summe der Zahlen gleich sein.

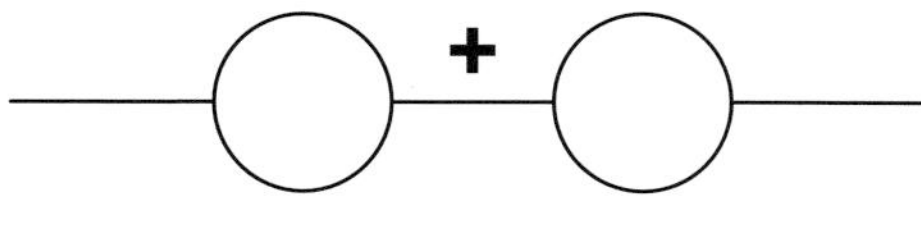

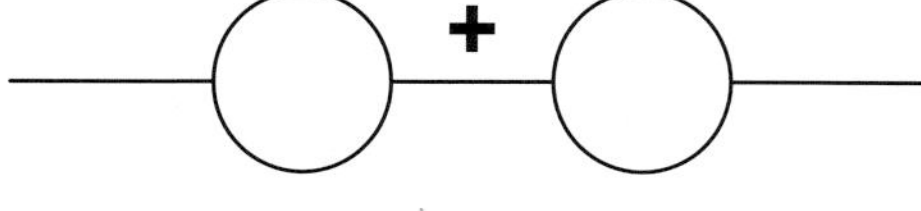

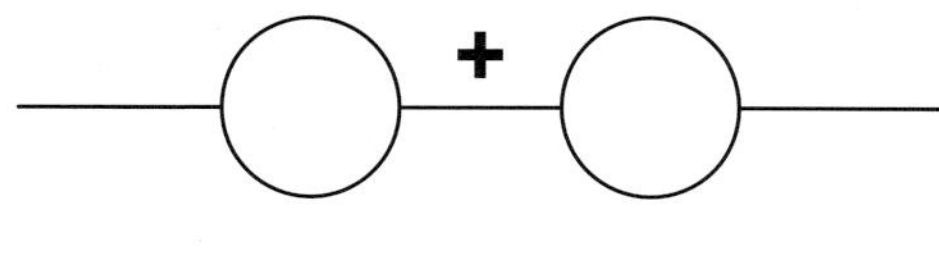

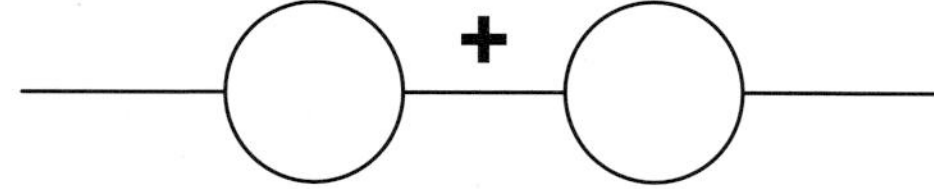

11

Schreibe die Zahlen 1, 2, 3, 4, 5, 6, 7, 8, 9.
Auf allen Geraden soll die Summe der Zahlen gleich sein.

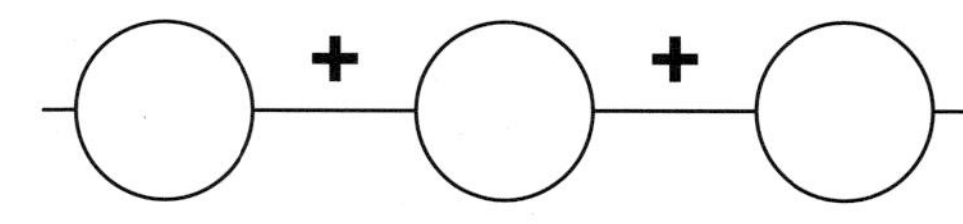

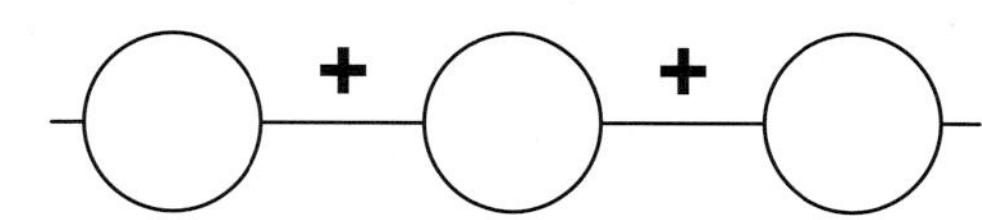

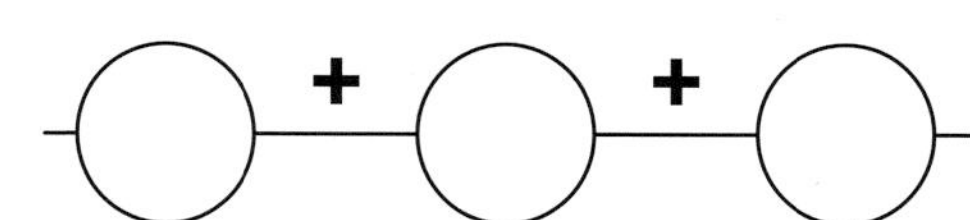

12

© Persen Verlag

Zahlenspiel mit Geraden

Schreibe die Zahlen 1, 2, 3, 4, 5, 6, 7, 8, 9.
Auf allen Geraden soll die Summe der Zahlen gleich sein.

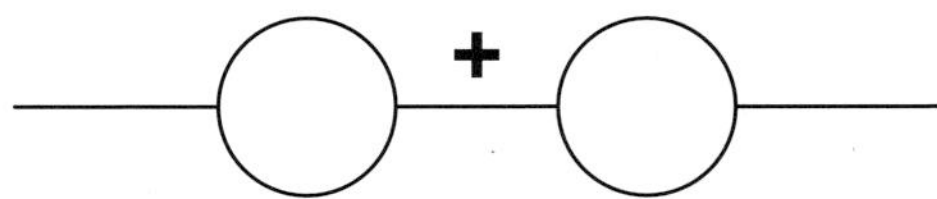

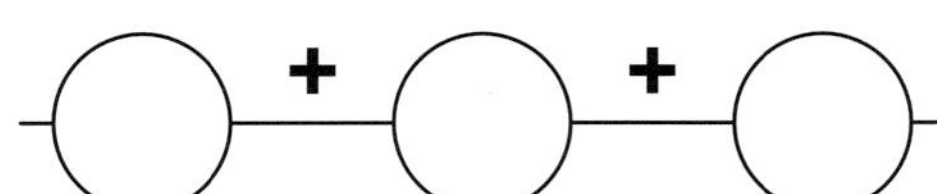

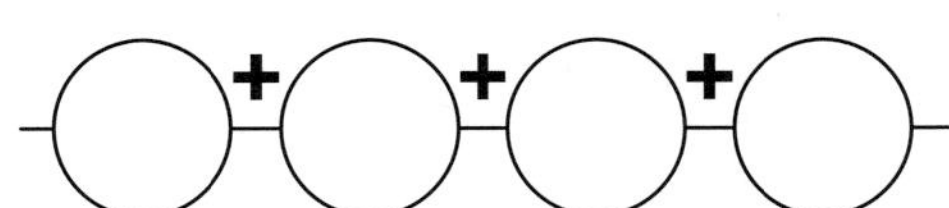

13

Schreibe die Zahlen 1, 2, 3, 4, 5, 6, 7, 8, 9.
Auf allen Geraden soll die Summe der Zahlen gleich sein.

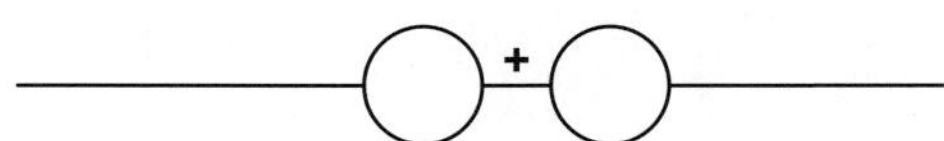

14

Schreibe die Zahlen 1 bis 5.
Auf allen Geraden soll die Summe der Zahlen gleich sein.

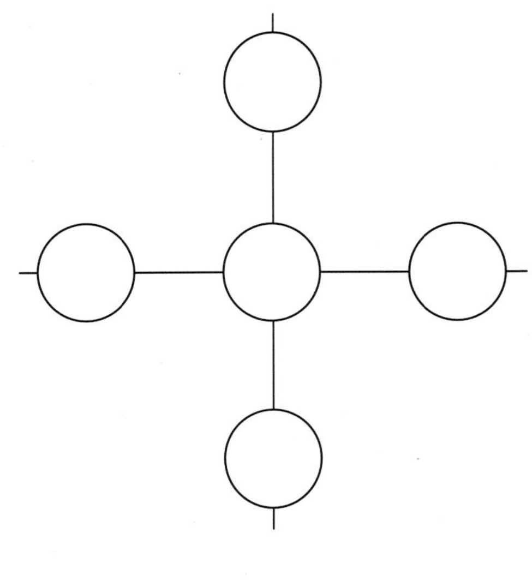

15

Schreibe die Zahlen 1 bis 5.
Auf einer Geraden soll die Summe der Zahlen dreimal größer sein als auf der anderen.

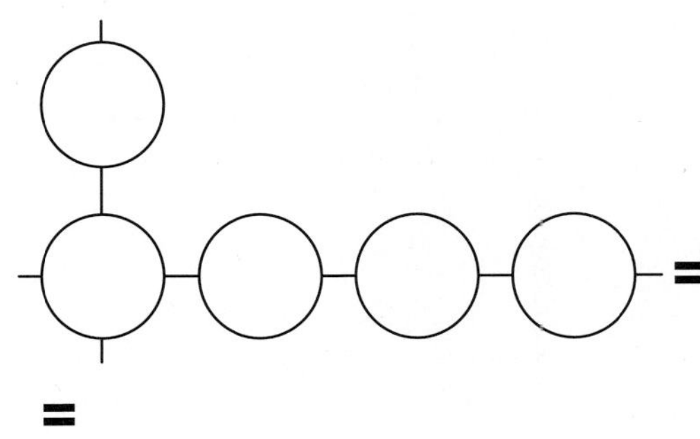

16

© Persen Verlag

Zahlenspiel mit Geraden

Schreibe die Zahlen 1 bis 5.
Auf einer Geraden soll die Summe der Zahlen zweimal größer sein als auf der anderen.

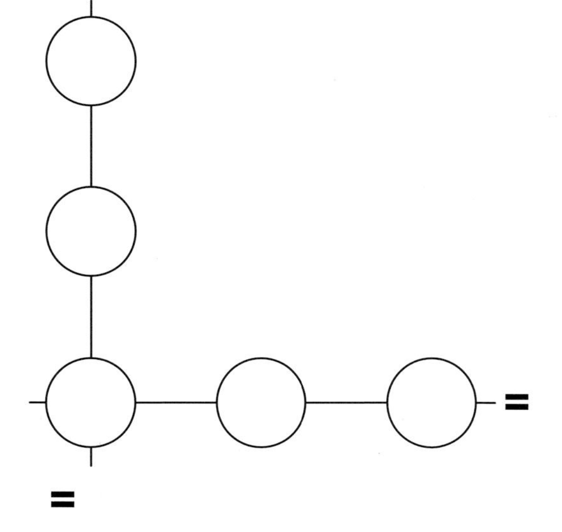

17

Schreibe die Zahlen 1 bis 6.
Auf allen Geraden soll die Summe der Zahlen gleich sein.

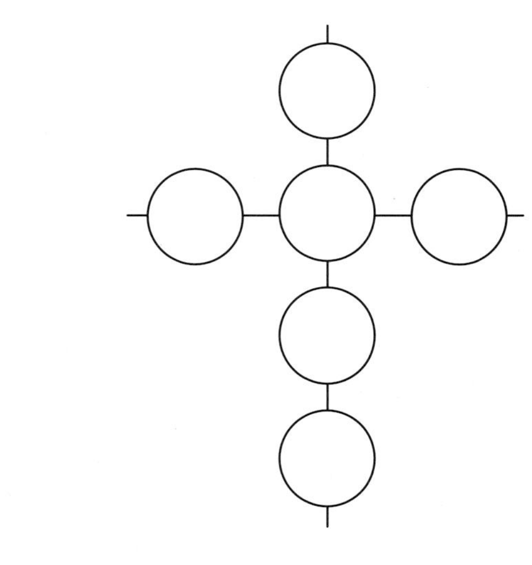

18

Schreibe die Zahlen 1 bis 6.
Auf allen Geraden soll die Summe der Zahlen gleich sein.

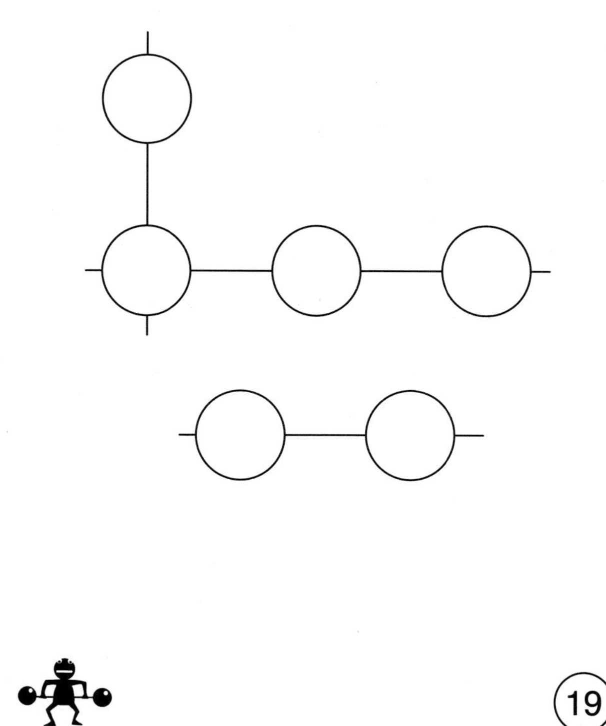

19

Schreibe die Zahlen 1 bis 6.
Auf allen Geraden soll die Summe der Zahlen gleich sein.

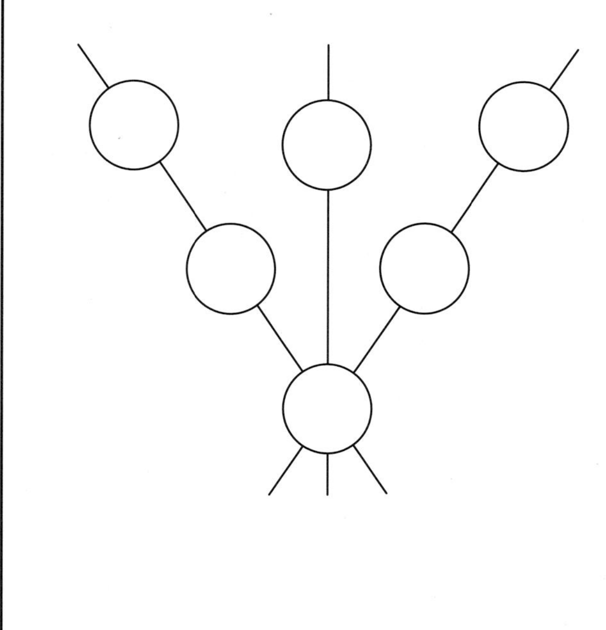

20

© Persen Verlag

Zahlenspiel mit Geraden

Schreibe die Zahlen 1 bis 6.
Auf einer Geraden soll die Summe der Zahlen zweimal größer sein als auf der anderen.

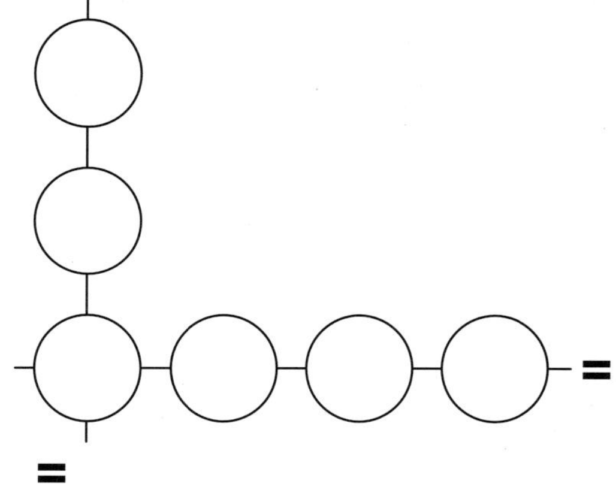

21

Schreibe die Zahlen 1 bis 6.
Auf einer Geraden soll die Summe der Zahlen zweimal größer sein als auf der anderen.

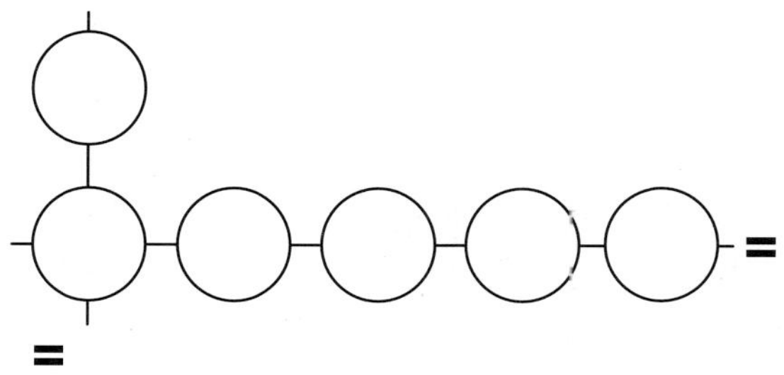

22

Schreibe die Zahlen 1 bis 6.
Auf einer Geraden soll die Summe der Zahlen dreimal größer sein als auf der anderen.

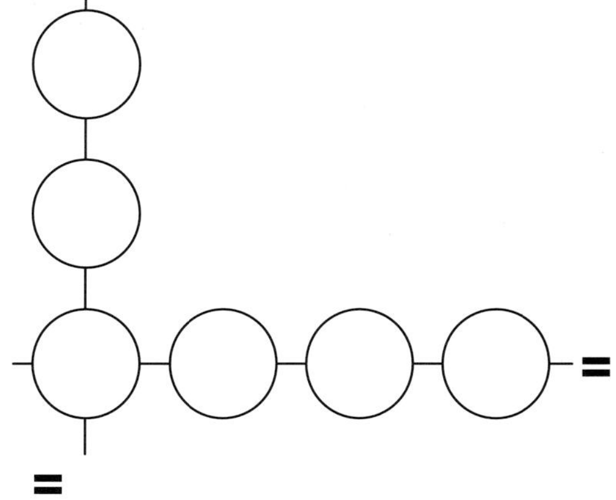

23

Schreibe die Zahlen 1 bis 6.
Auf einer Geraden soll die Summe der Zahlen viermal größer sein als auf der anderen.

24

© Persen Verlag

Zahlenspiel mit Geraden

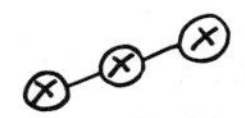

Schreibe die Zahlen 1 bis 6.
Auf einer Geraden soll die Summe der Zahlen fünfmal größer sein als auf der anderen.

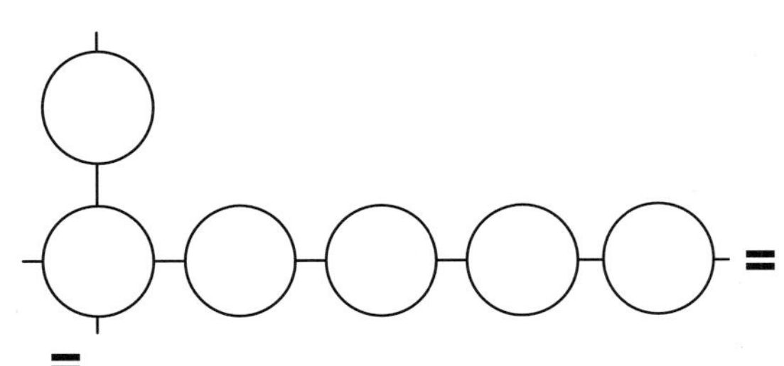

Schreibe die Zahlen 1 bis 7.
Auf allen Geraden soll die Summe der Zahlen gleich sein.

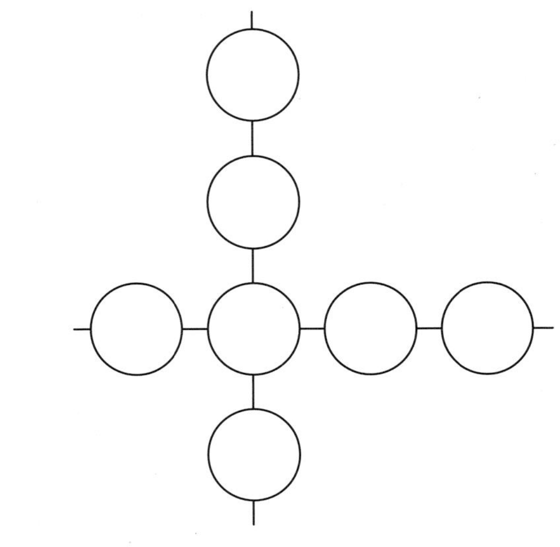

Schreibe die Zahlen 1 bis 8.
Auf allen Geraden soll die Summe der Zahlen gleich sein.

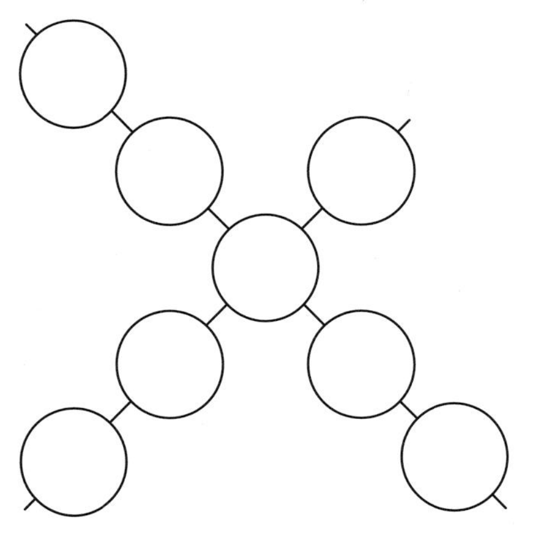

Schreibe die Zahlen 1 bis 8.
Auf allen Geraden soll die Summe der Zahlen gleich sein.

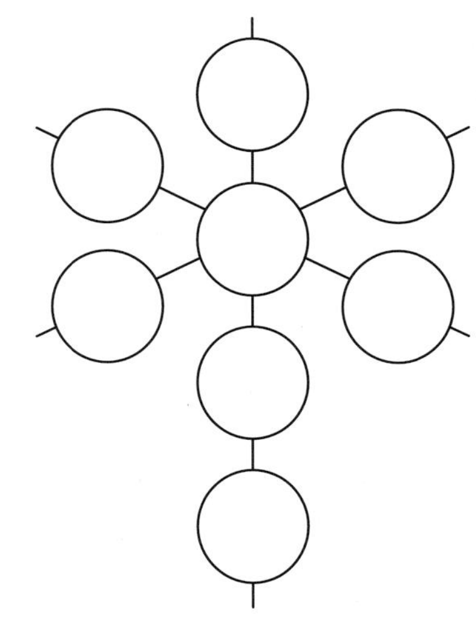

28

© Persen Verlag

Zahlenspiel mit Geraden

Schreibe die Zahlen 1 bis 8.
Auf allen Geraden soll die Summe der Zahlen gleich sein.

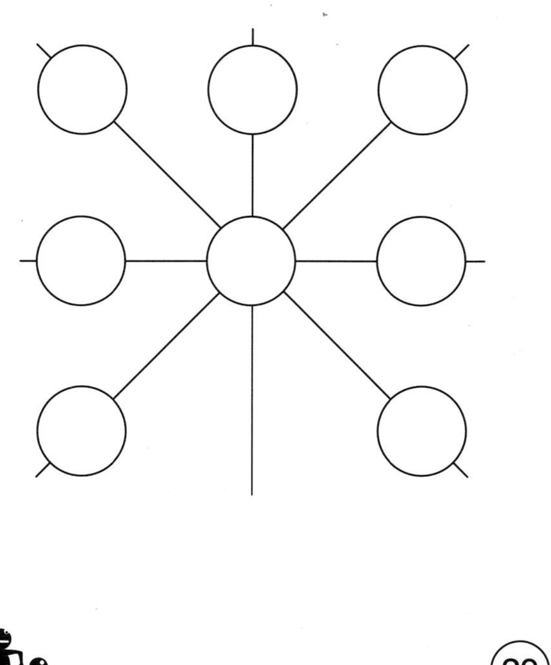

29

Schreibe die Zahlen 1 bis 8.
Auf allen Geraden soll die Summe der Zahlen gleich sein.

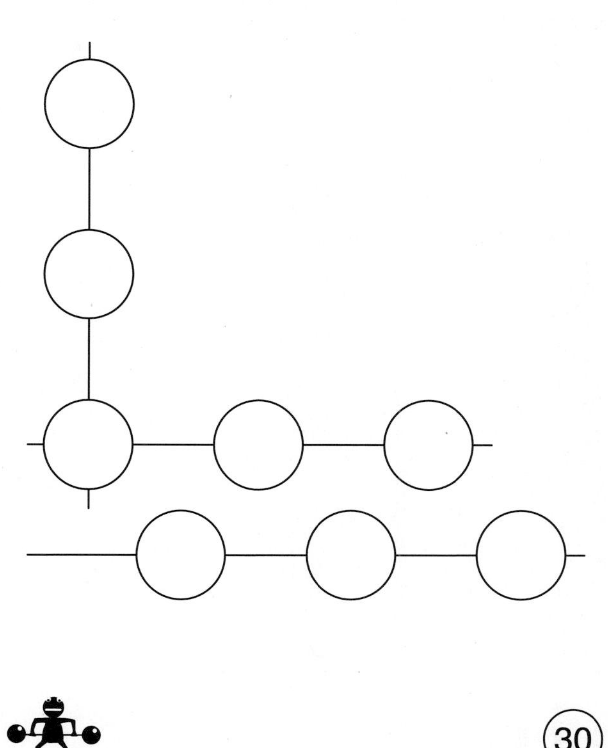

30

Schreibe die Zahlen 1 bis 8.
Auf allen Geraden soll die Summe der Zahlen gleich sein.

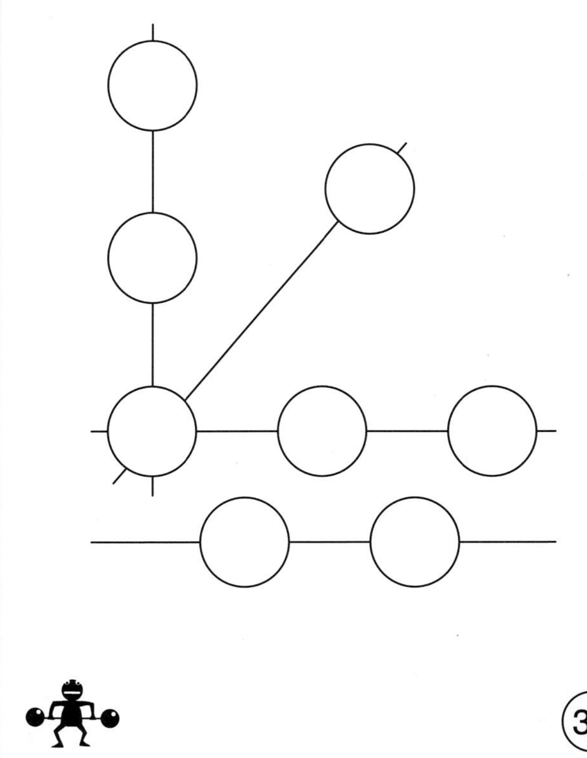

31

Schreibe die Zahlen 1 bis 8.
Auf allen Geraden soll die Summe der Zahlen gleich sein.

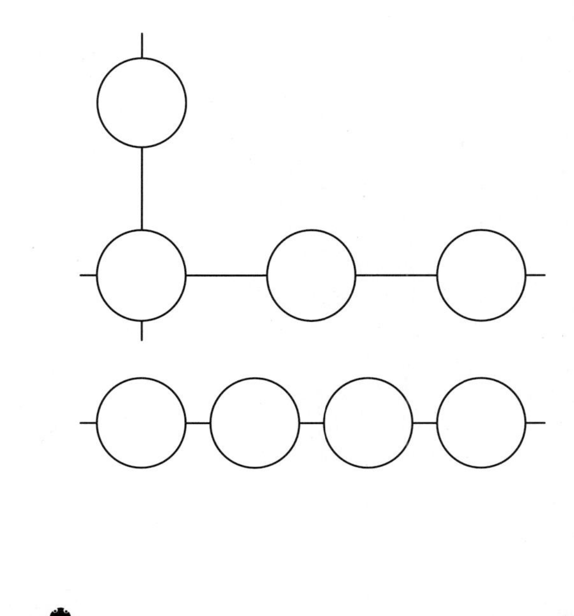

32

© Persen Verlag

Zahlenspiel mit Geraden

Schreibe die Zahlen 1 bis 8.
Auf allen Geraden soll die Summe
der Zahlen gleich sein.

33

Schreibe die Zahlen 1 bis 9.
Auf allen Geraden soll die Summe
der Zahlen gleich sein.

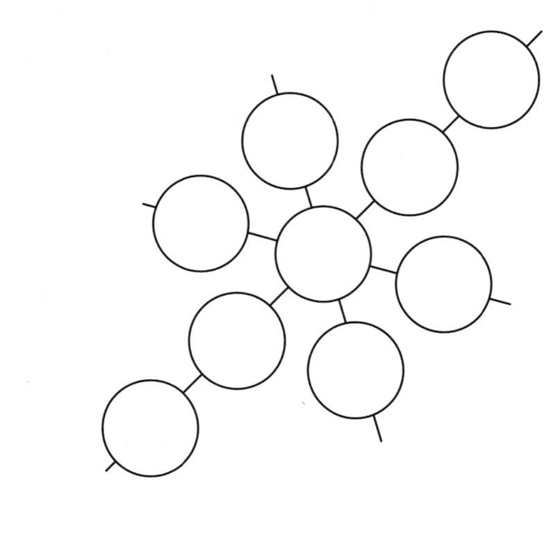

34

Schreibe die Zahlen 1 bis 9.
Auf allen Geraden soll die Summe
der Zahlen gleich sein.

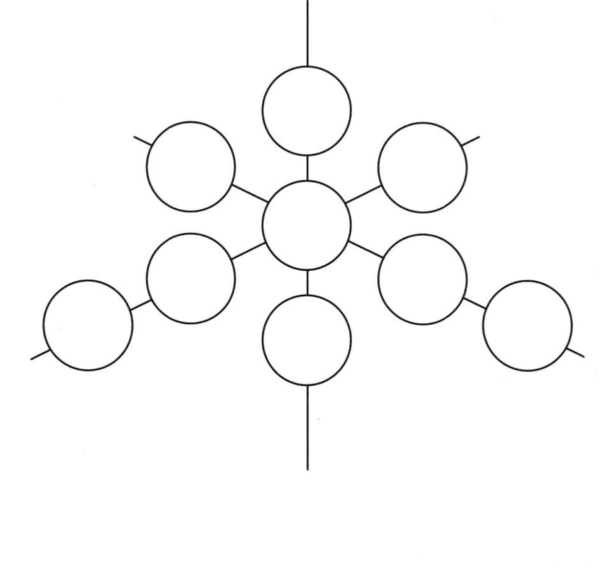

35

Schreibe die Zahlen 1 bis 9.
Auf allen Geraden soll die Summe
der Zahlen gleich sein.

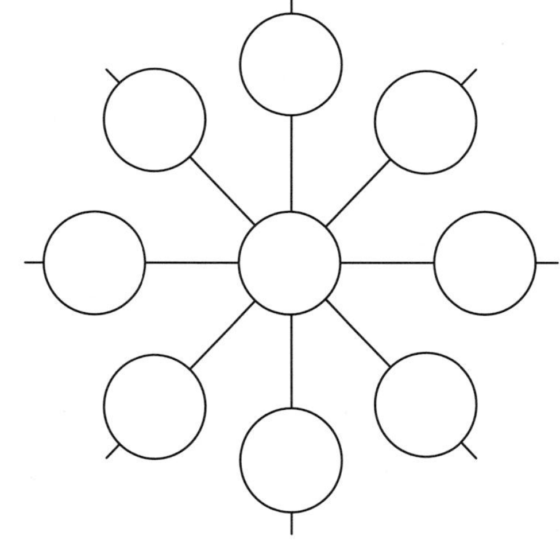

36

© Persen Verlag

Zahlenspiel mit Geraden

Schreibe die Zahlen 1 bis 9.
Auf allen Geraden soll die Summe der Zahlen gleich sein.

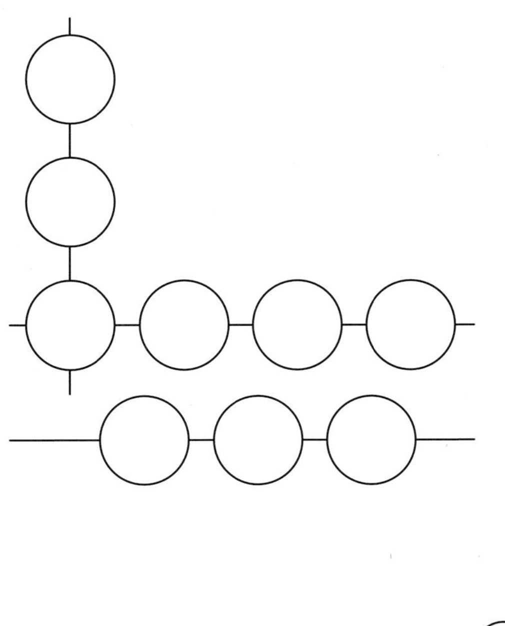

37

Schreibe die Zahlen 1 bis 5.
Auf allen Geraden soll die Summe der Zahlen gleich sein.

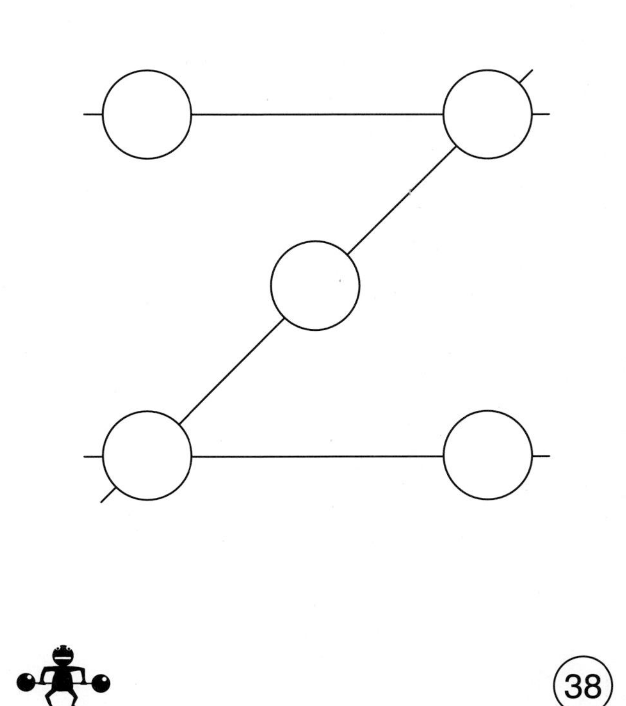

38

Schreibe die Zahlen 1 bis 6.
Auf allen Geraden soll die Summe der Zahlen gleich sein.

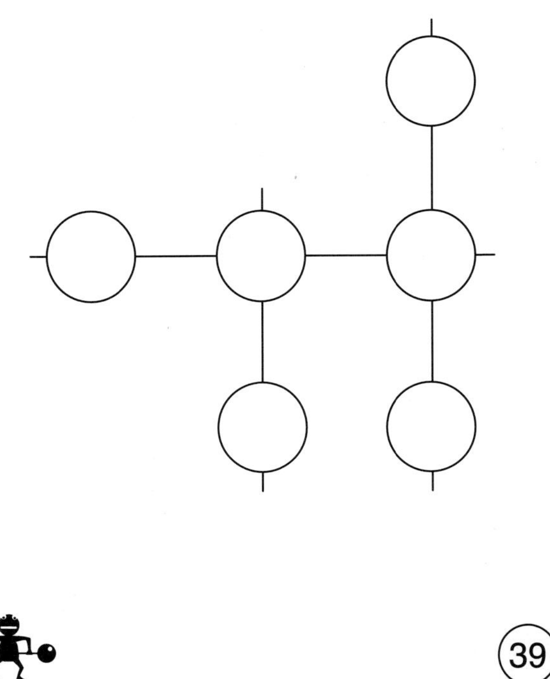

39

Schreibe die Zahlen 1 bis 7.
Auf allen Geraden soll die Summe der Zahlen gleich sein.

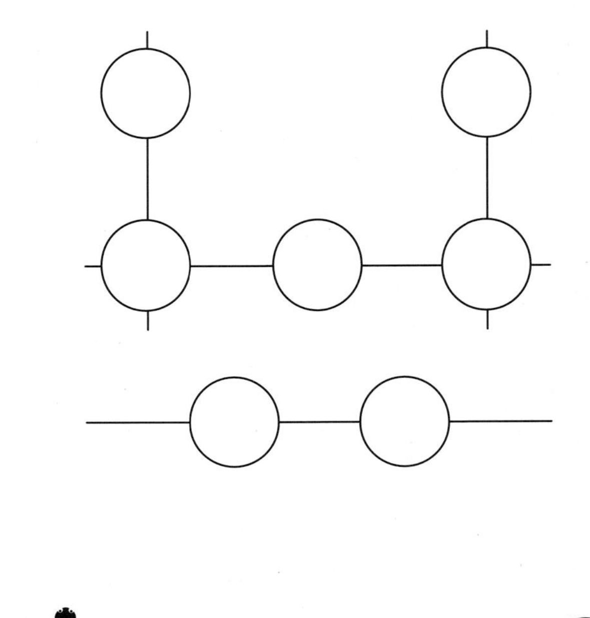

40

© Persen Verlag

Zahlenspiel mit Geraden

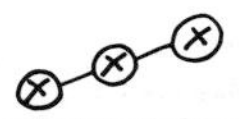

Schreibe die Zahlen 1 bis 7.
Auf allen Geraden soll die Summe der Zahlen gleich sein.

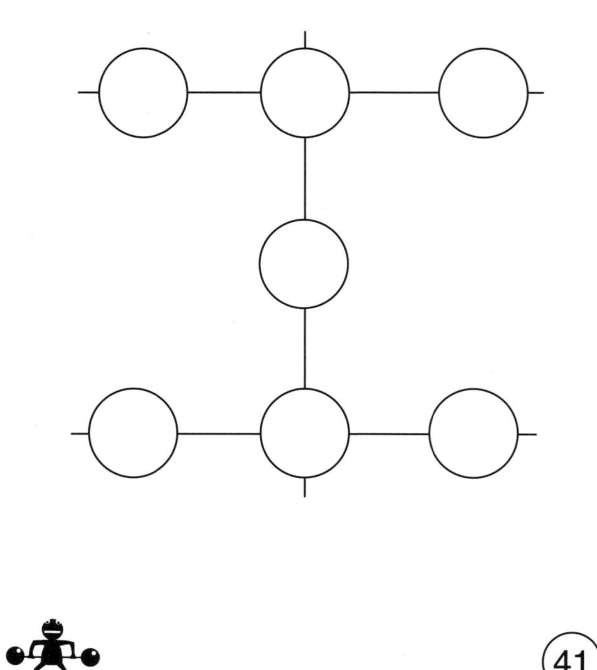

41

Schreibe die Zahlen 1 bis 7.
Auf allen Geraden soll die Summe der Zahlen gleich sein.

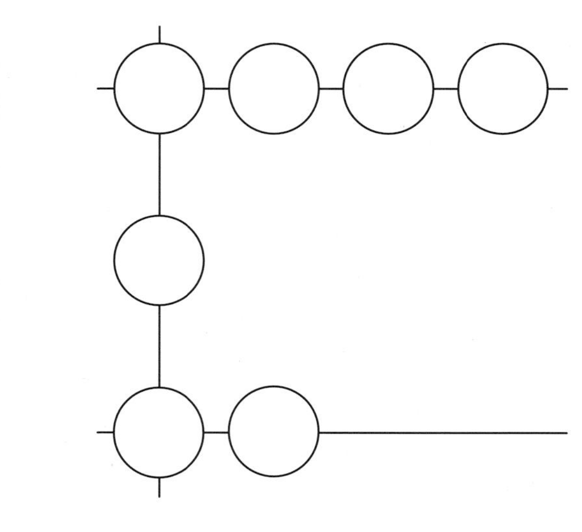

42

Schreibe die Zahlen 1 bis 7.
Auf allen Geraden soll die Summe der Zahlen gleich sein.

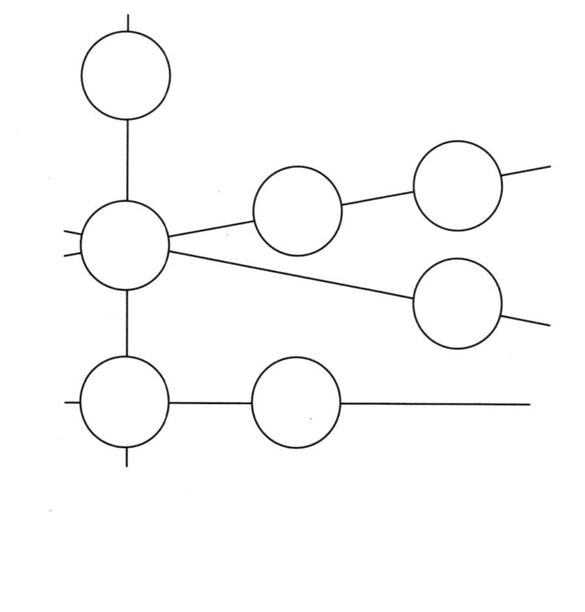

43

Schreibe die Zahlen 1 bis 8.
Auf allen Geraden soll die Summe der Zahlen gleich sein.

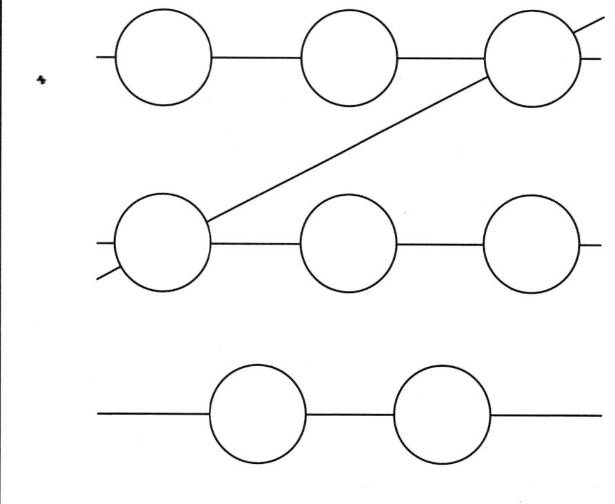

44

K.-H. Spröd: Knobelaufgaben im Zahlenraum bis 20
© Persen Verlag

Zahlenspiel mit Geraden

Schreibe die Zahlen 1 bis 8.
Auf allen Geraden soll die Summe der Zahlen gleich sein.

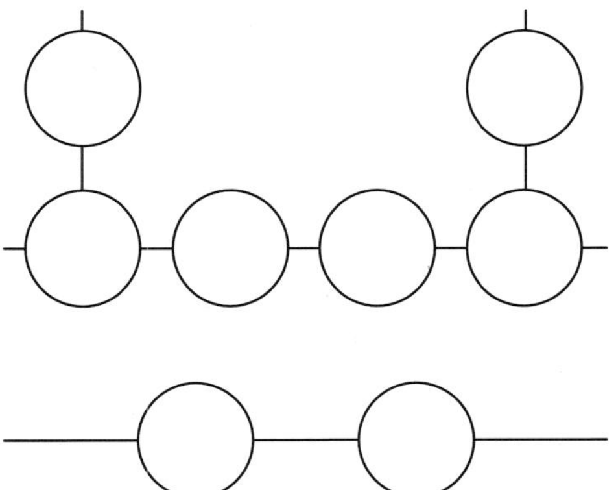

45

Schreibe die Zahlen 1 bis 8.
Auf allen Geraden soll die Summe der Zahlen gleich sein.

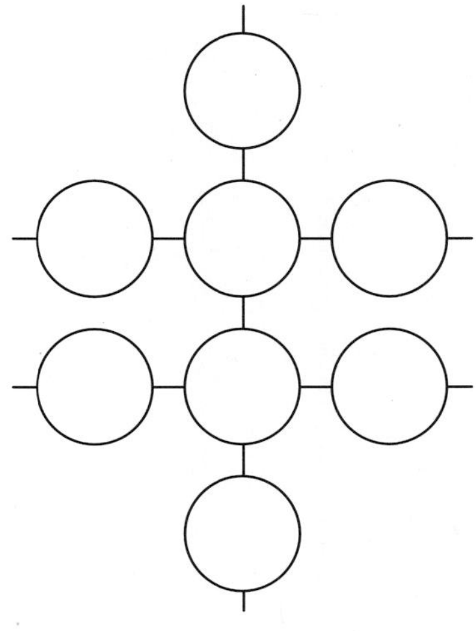

46

Schreibe die Zahlen 1 bis 8.
Auf allen Geraden soll die Summe der Zahlen gleich sein.

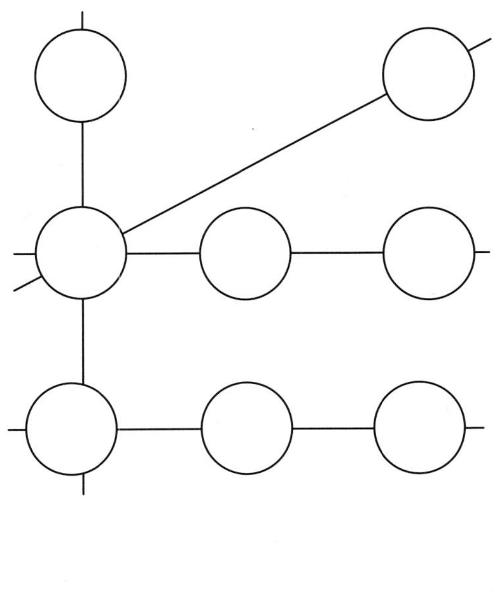

47

Schreibe die Zahlen 1 bis 8.
Auf allen Geraden soll die Summe der Zahlen gleich sein.

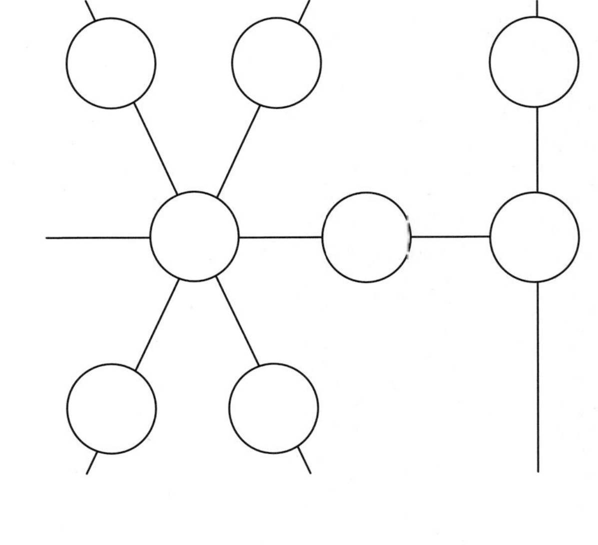

48

© Persen Verlag

Zahlenspiel mit Geraden

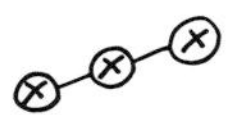

Schreibe die Zahlen 1 bis 8.
Auf allen Geraden soll die Summe der Zahlen gleich sein.

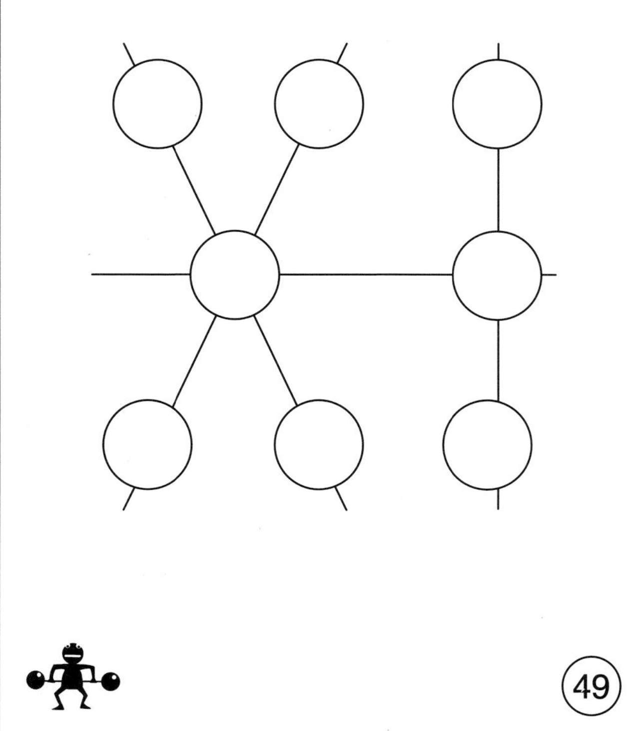

49

Schreibe die Zahlen 1 bis 9.
Auf allen Geraden soll die Summe der Zahlen gleich sein.

50

Schreibe die Zahlen 1 bis 9.
Auf allen Geraden soll die Summe der Zahlen gleich sein.

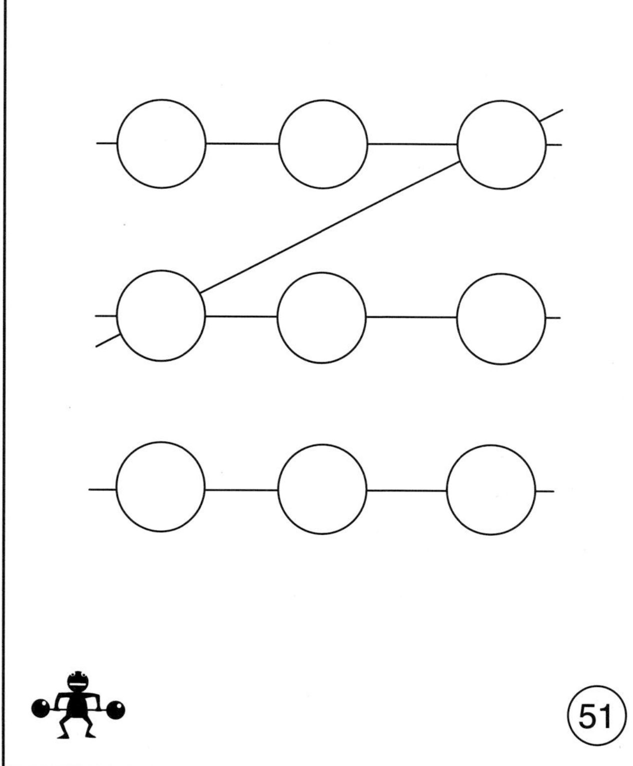

51

Schreibe die Zahlen 1 bis 9.
Auf allen Geraden soll die Summe der Zahlen gleich sein.

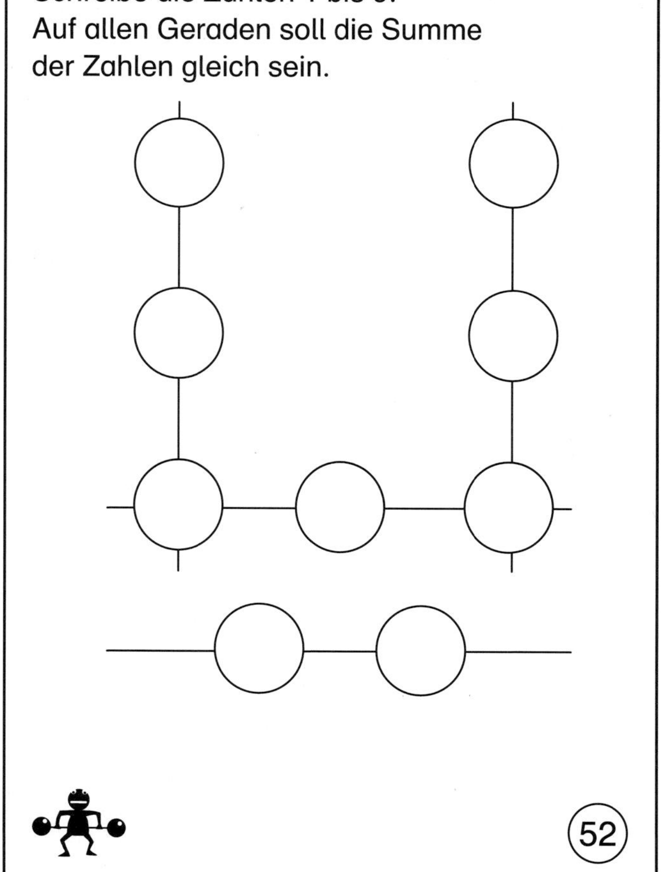

52

© Persen Verlag

Zahlenspiel mit Geraden

Schreibe die Zahlen 1 bis 9.
Auf allen Geraden soll die Summe
der Zahlen gleich sein.

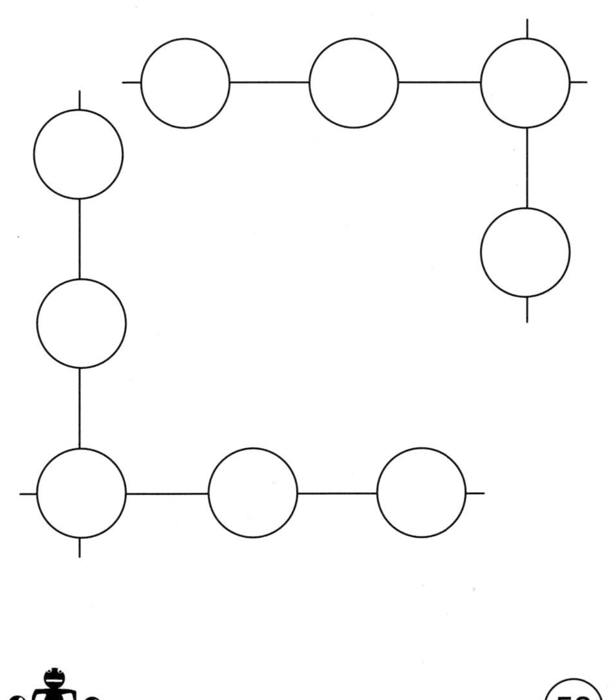

53

Schreibe die Zahlen 1 bis 9.
Auf allen Geraden soll die Summe
der Zahlen gleich sein.

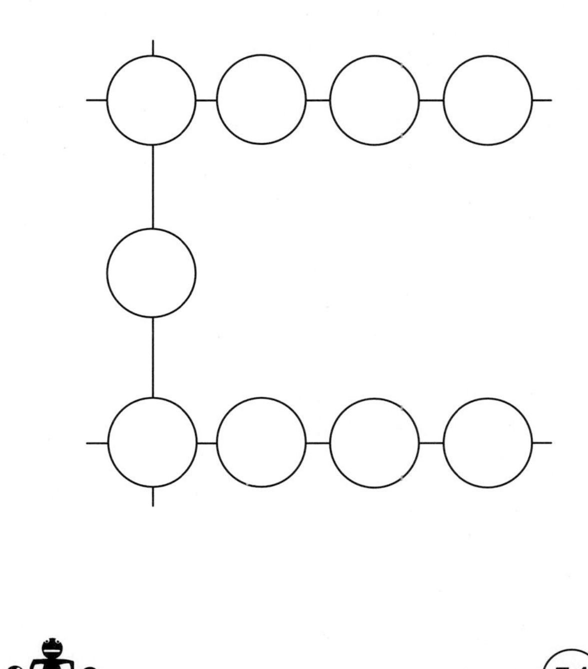

54

Schreibe die Zahlen 1 bis 9.
Auf allen Geraden soll die Summe
der Zahlen gleich sein.

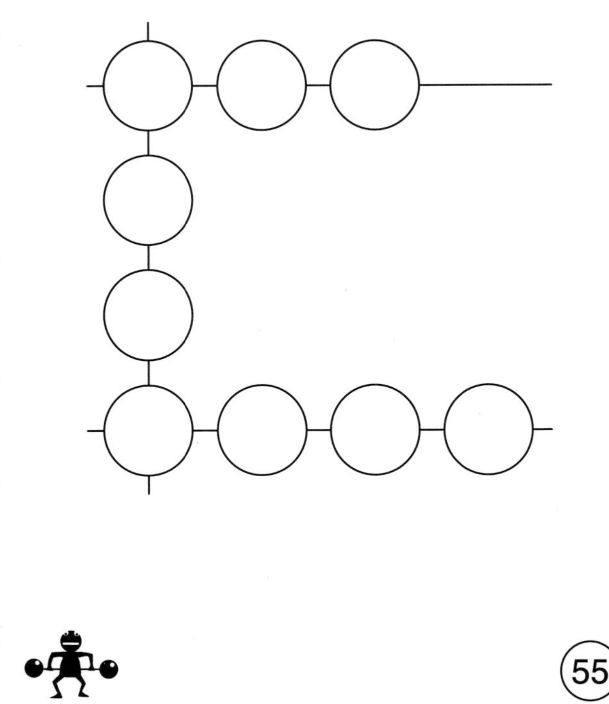

55

Schreibe die Zahlen 1 bis 9.
Auf allen Geraden soll die Summe
der Zahlen gleich sein.

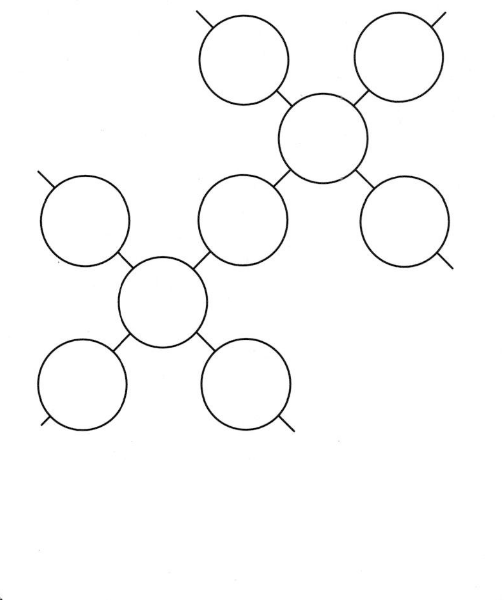

56

© Persen Verlag

Zahlenspiel mit Geraden

Schreibe die Zahlen 1 bis 9.
Auf allen Geraden soll die Summe der Zahlen gleich sein.

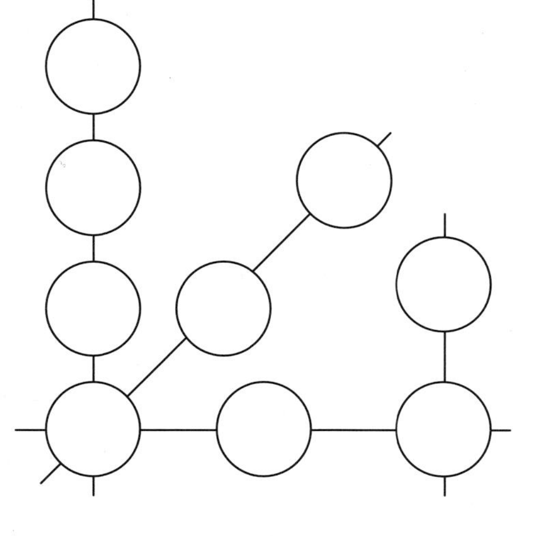

57

Schreibe die Zahlen 1 bis 5.
Auf allen Geraden soll die Summe der Zahlen gleich sein.

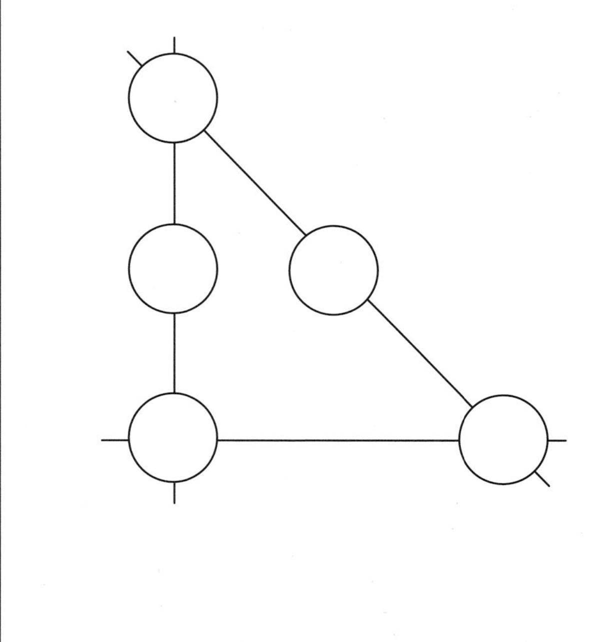

58

Schreibe die Zahlen 1 bis 6.
Auf allen Geraden soll die Summe der Zahlen gleich sein.

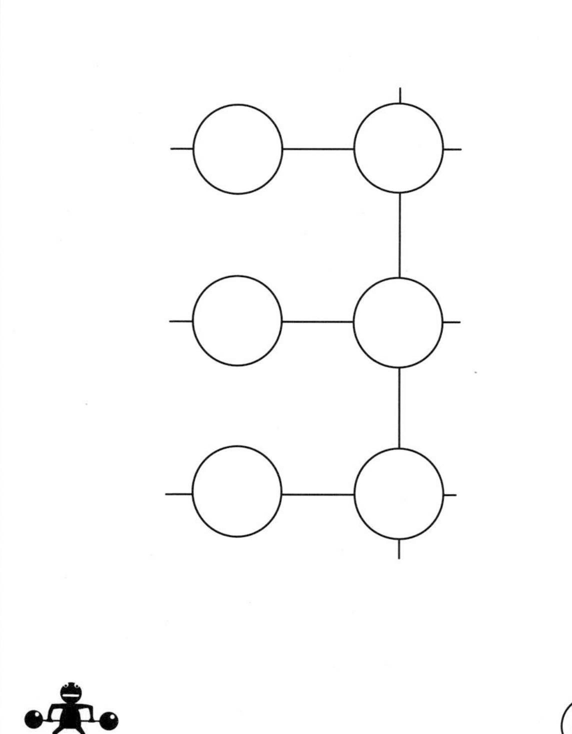

59

Schreibe die Zahlen 1 bis 6.
Auf allen Geraden soll die Summe der Zahlen gleich sein.

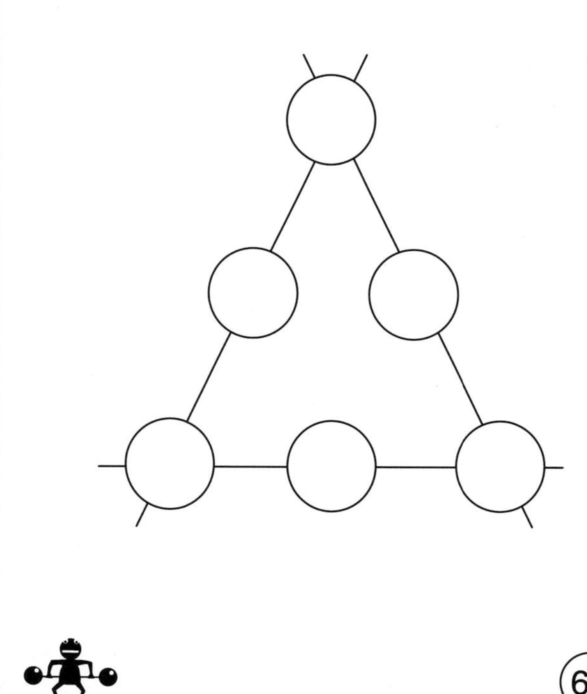

60

K.-H. Spröd: Knobelaufgaben im Zahlenraum bis 20
© Persen Verlag

Zahlenspiel mit Geraden

Schreibe die Zahlen 1 bis 7.
Auf allen Geraden soll die Summe der Zahlen gleich sein.

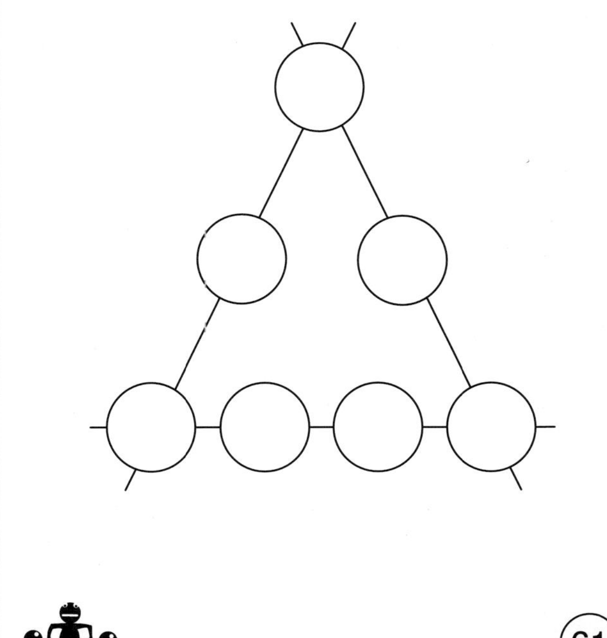

61

Schreibe die Zahlen 1 bis 7.
Auf allen Geraden soll die Summe der Zahlen gleich sein.

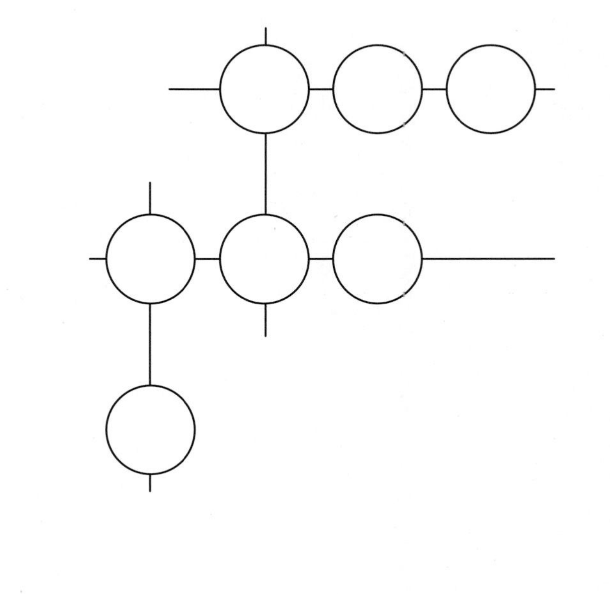

62

Schreibe die Zahlen 1 bis 7.
Auf allen Geraden soll die Summe der Zahlen gleich sein.

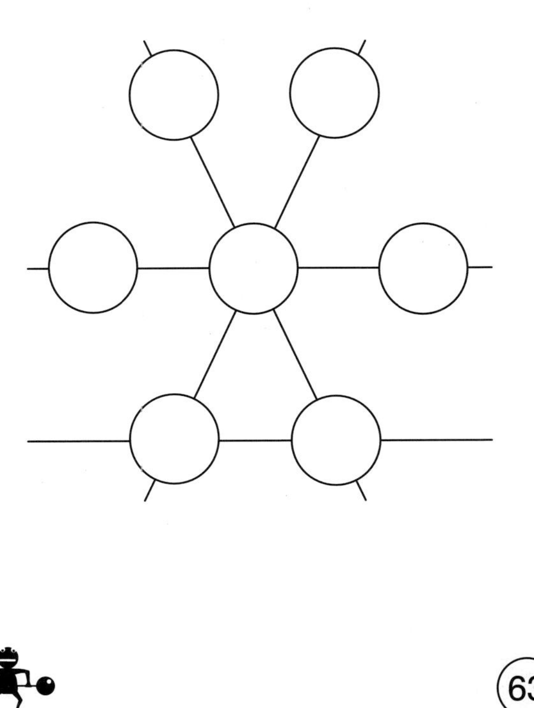

63

Schreibe die Zahlen 1 bis 8.
Auf allen Geraden soll die Summe der Zahlen gleich sein.

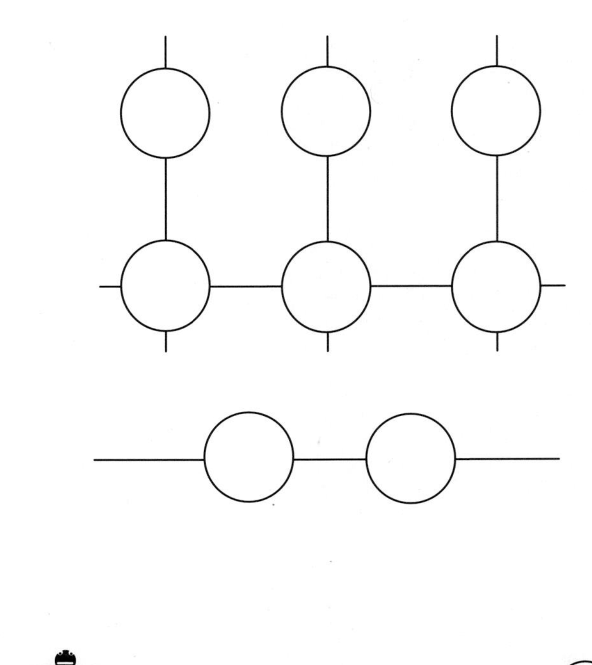

64

© Persen Verlag

Zahlenspiel mit Geraden

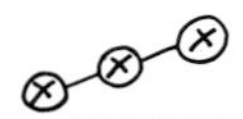

Schreibe die Zahlen 1 bis 8.
Auf allen Geraden soll die Summe der Zahlen gleich sein.

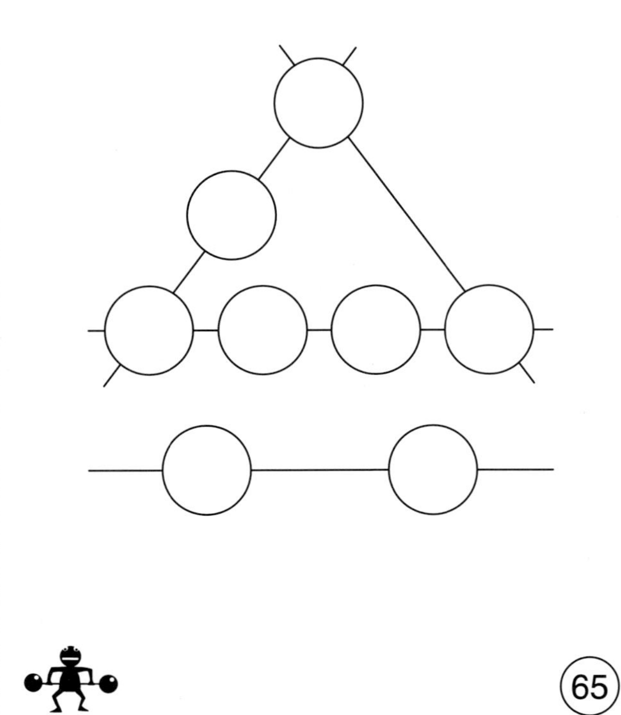

65

Schreibe die Zahlen 1 bis 8.
Auf allen Geraden soll die Summe der Zahlen gleich sein.

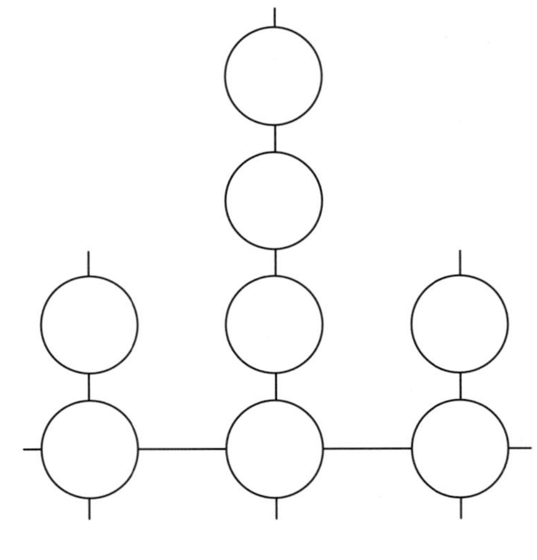

66

Schreibe die Zahlen 1 bis 8.
Auf allen Geraden soll die Summe der Zahlen gleich sein.

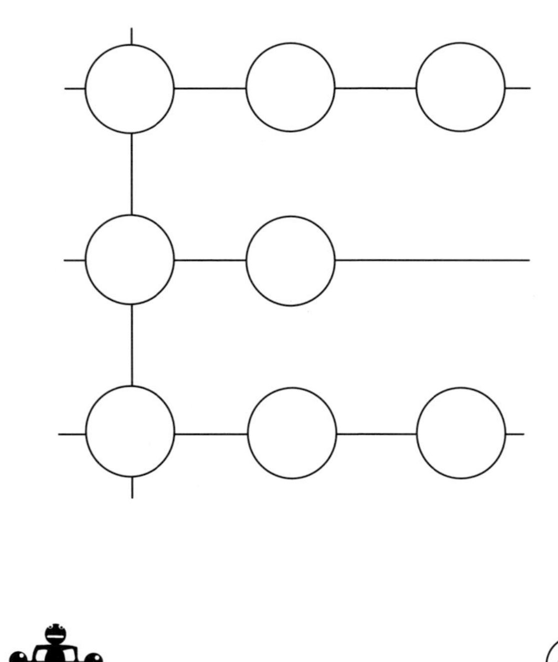

67

Schreibe die Zahlen 1 bis 8.
Auf allen Geraden soll die Summe der Zahlen gleich sein.

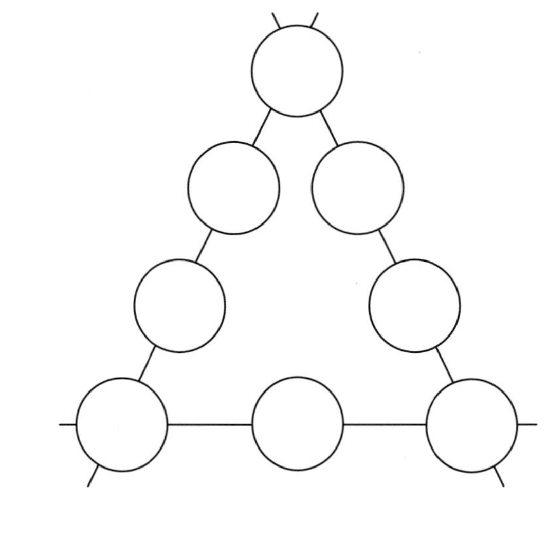

68

© Persen Verlag

Zahlenspiel mit Geraden

Schreibe die Zahlen 1 bis 8.
Auf allen Geraden soll die Summe
der Zahlen gleich sein.

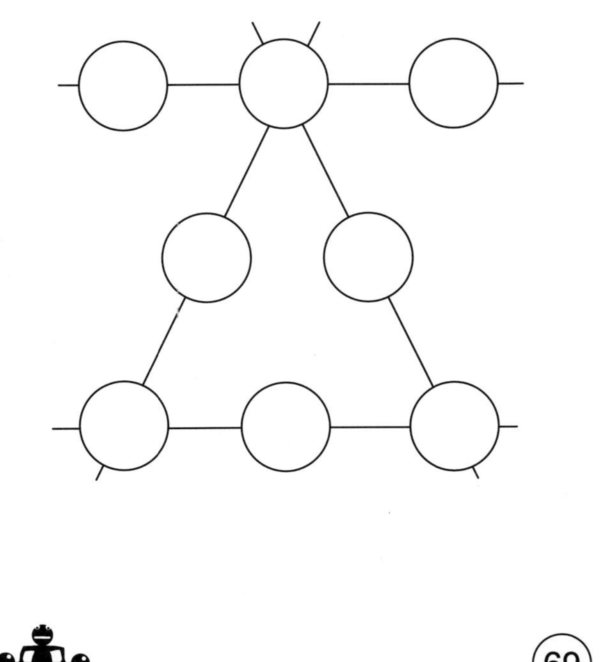

69

Schreibe die Zahlen 1 bis 6.
Auf allen Geraden soll die Summe
der Zahlen gleich sein.

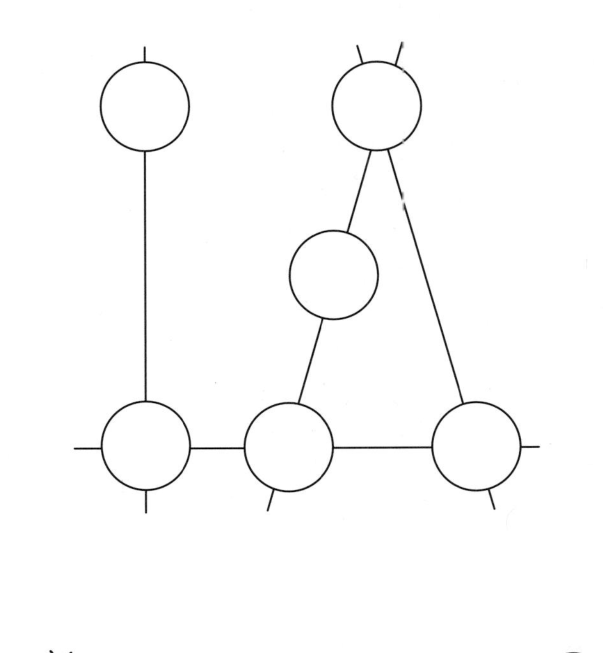

70

Schreibe die Zahlen 1 bis 7.
Auf allen Geraden soll die Summe
der Zahlen gleich sein.

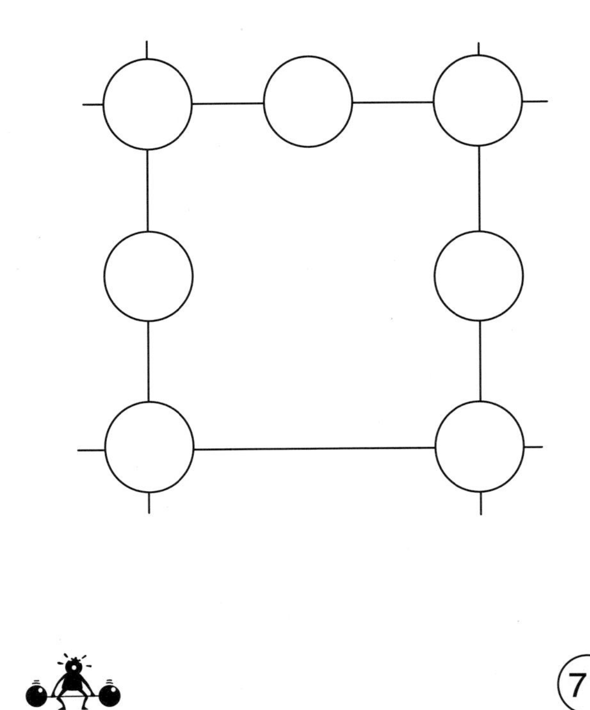

71

Schreibe die Zahlen 1 bis 7.
Auf allen Geraden soll die Summe
der Zahlen gleich sein.

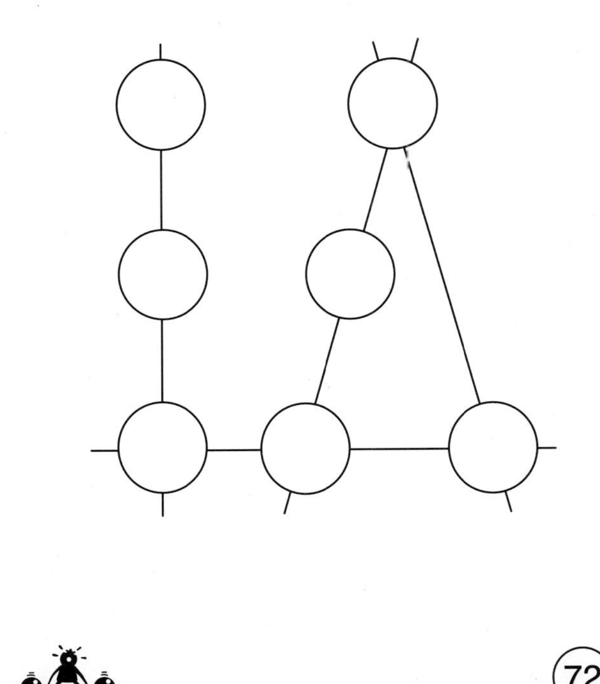

72

© Persen Verlag

Zahlenspiel mit Geraden

Schreibe die Zahlen 1 bis 7.
Auf allen Geraden soll die Summe der Zahlen gleich sein.

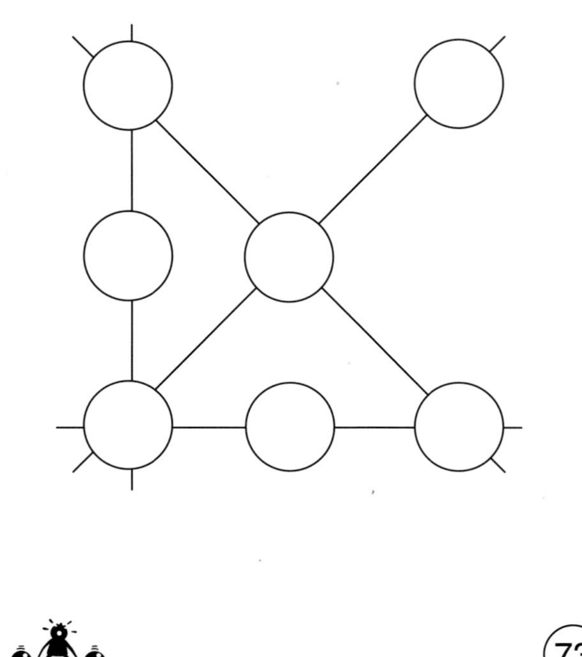

73

Schreibe die Zahlen 1 bis 8.
Auf allen Geraden soll die Summe der Zahlen gleich sein.

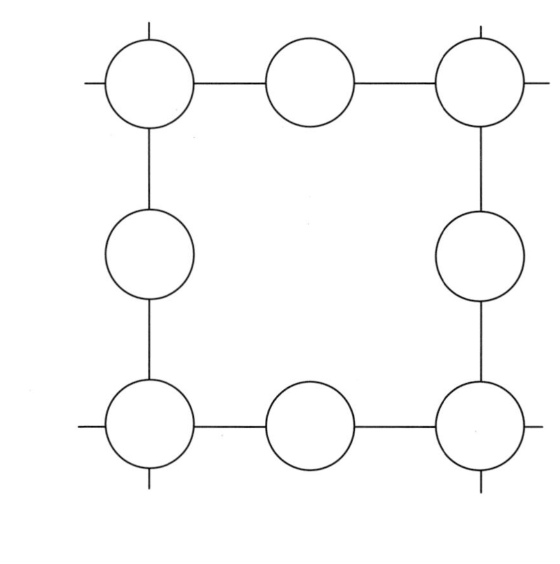

74

Schreibe die Zahlen 1 bis 8.
Auf allen Geraden soll die Summe der Zahlen gleich sein.

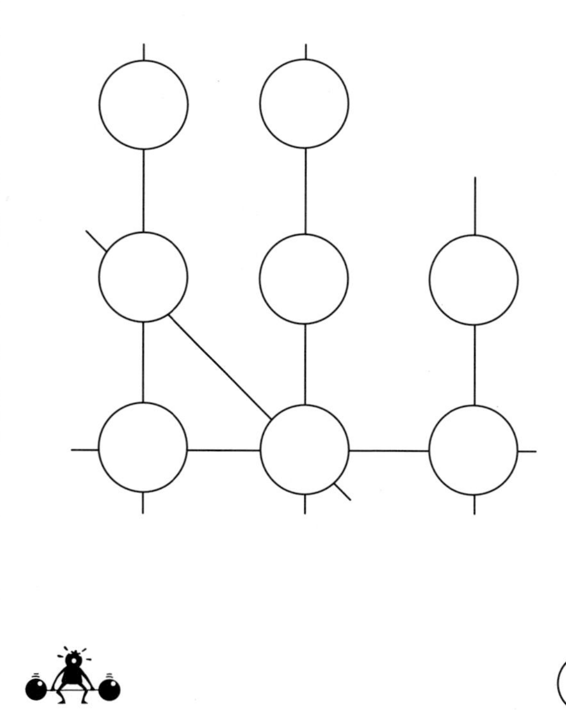

75

Schreibe die Zahlen 1 bis 8.
Auf allen Geraden soll die Summe der Zahlen gleich sein.

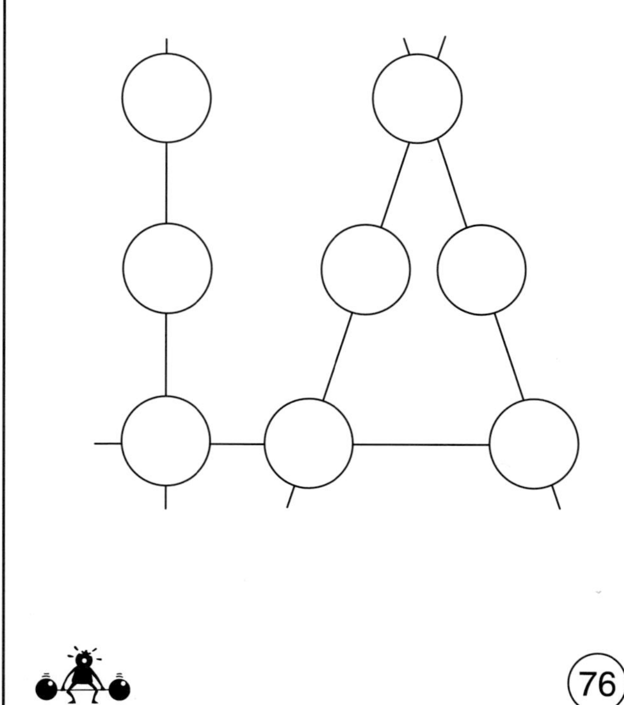

76

K.-H. Spröd: Knobelaufgaben im Zahlenraum bis 20
© Persen Verlag

Zahlenspiel mit Geraden

Schreibe die Zahlen 1 bis 8.
Auf allen Geraden soll die Summe der Zahlen gleich sein.

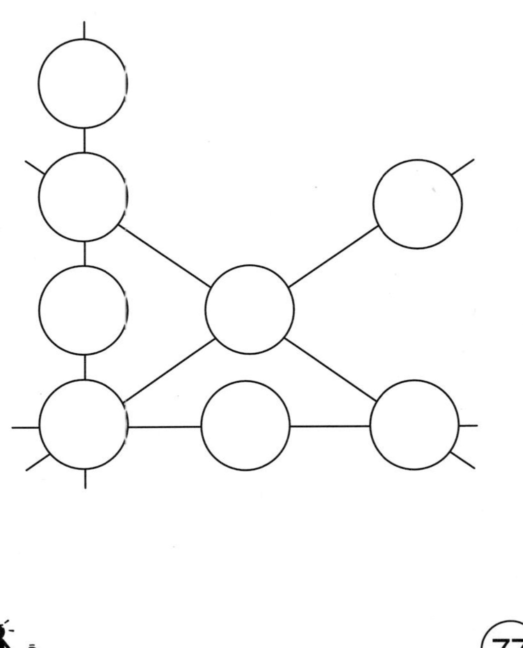

77

Schreibe die Zahlen 1 bis 8.
Auf allen Geraden soll die Summe der Zahlen gleich sein.

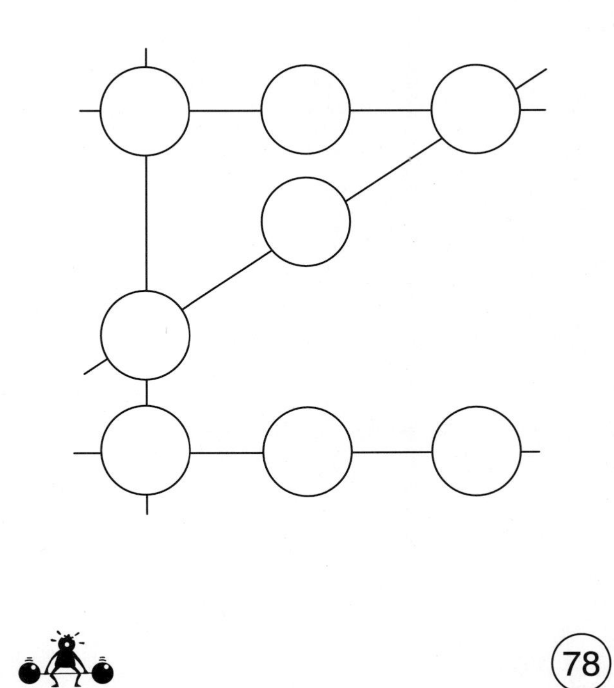

78

Schreibe die Zahlen 1 bis 8.
Auf allen Geraden soll die Summe der Zahlen gleich sein.

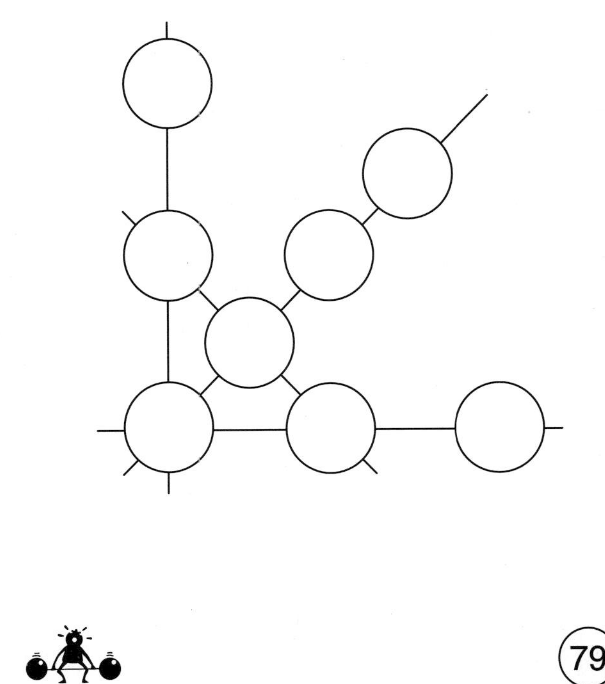

79

Schreibe die Zahlen 1 bis 9.
Auf allen Geraden soll die Summe der Zahlen gleich sein.

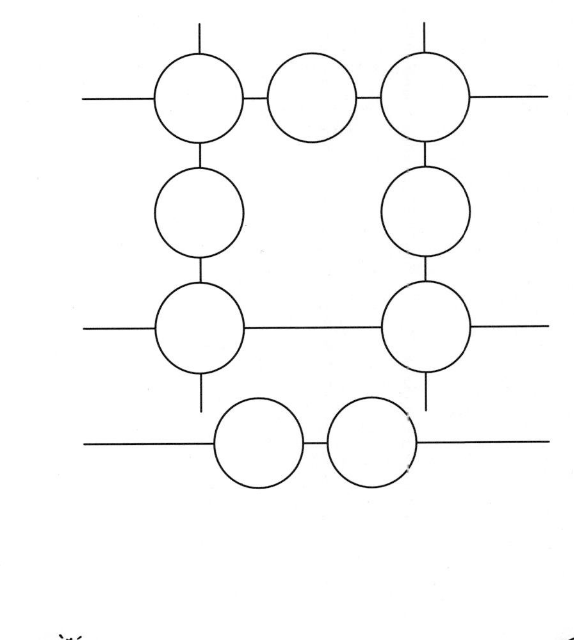

80

© Persen Verlag

Zahlenspiel mit Geraden

Schreibe die Zahlen 1 bis 9.
Auf allen Geraden soll die Summe der Zahlen gleich sein.

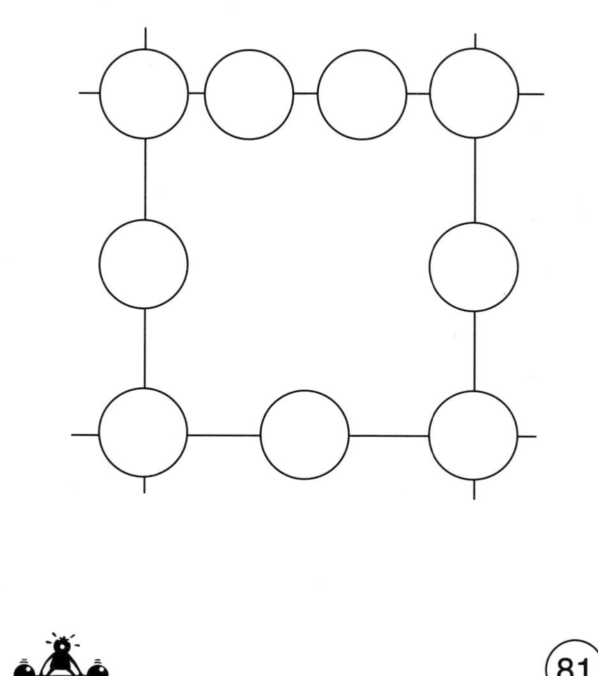

81

Schreibe die Zahlen 1 bis 9.
Auf allen Geraden soll die Summe der Zahlen gleich sein.

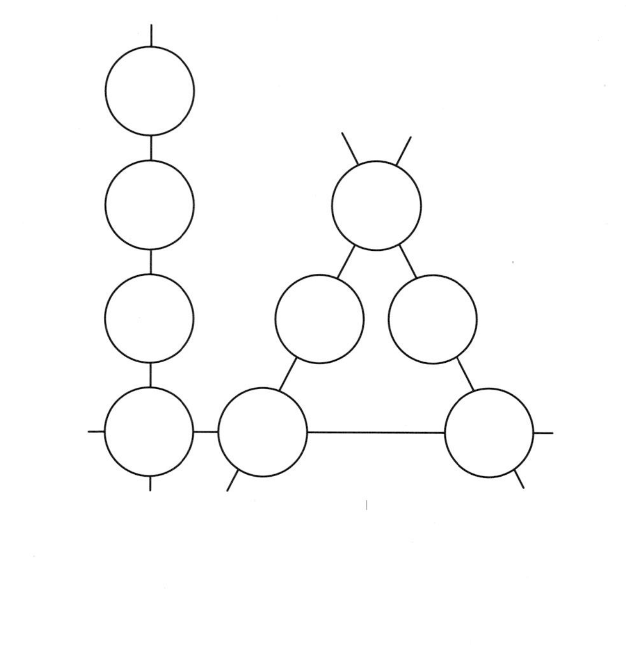

82

Schreibe die Zahlen 1 bis 9.
Auf allen Geraden soll die Summe der Zahlen gleich sein.

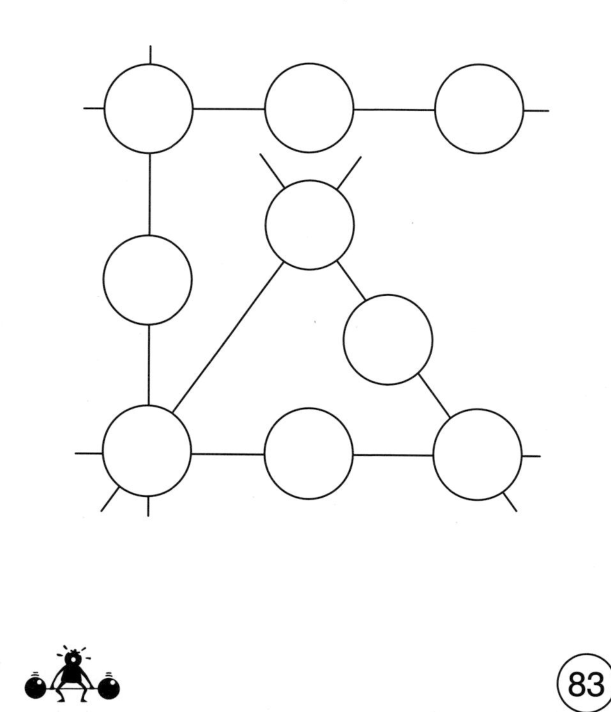

83

Schreibe die Zahlen 1 bis 9.
Auf allen Geraden soll die Summe der Zahlen gleich sein.

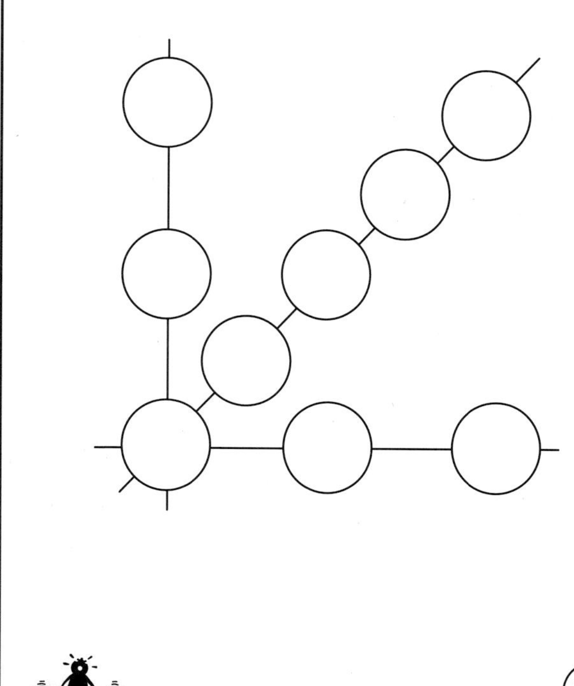

84

© Persen Verlag

Zahlenspiel mit Geraden

Schreibe die Zahlen 1 bis 9.
Auf allen Geraden soll die Summe der Zahlen gleich sein.

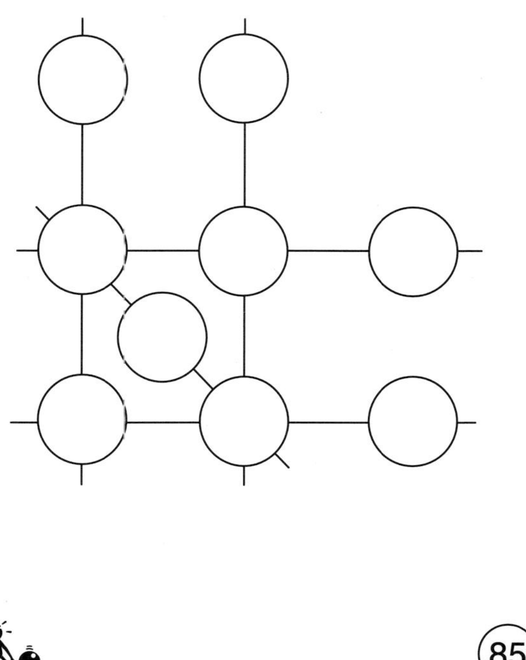

85

Schreibe die Zahlen 1 bis 6.
Auf allen Geraden soll die Summe der Zahlen gleich sein.

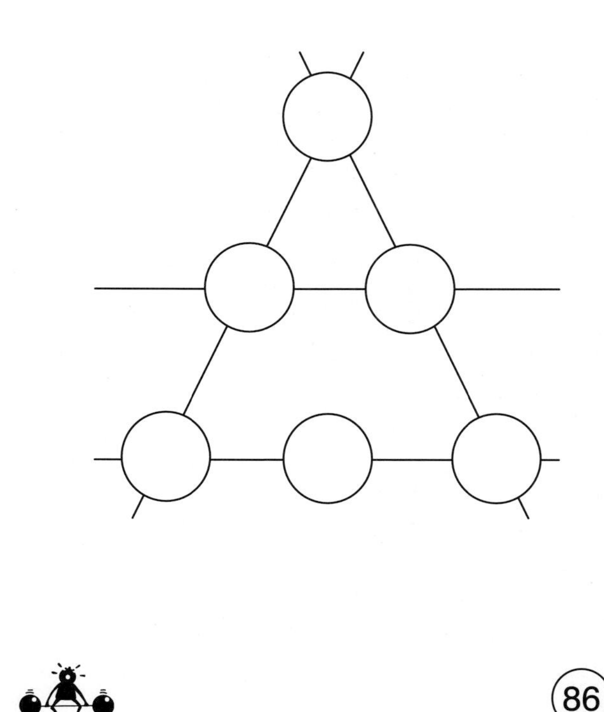

86

Schreibe die Zahlen 1 bis 8.
Auf allen Geraden soll die Summe der Zahlen gleich sein.

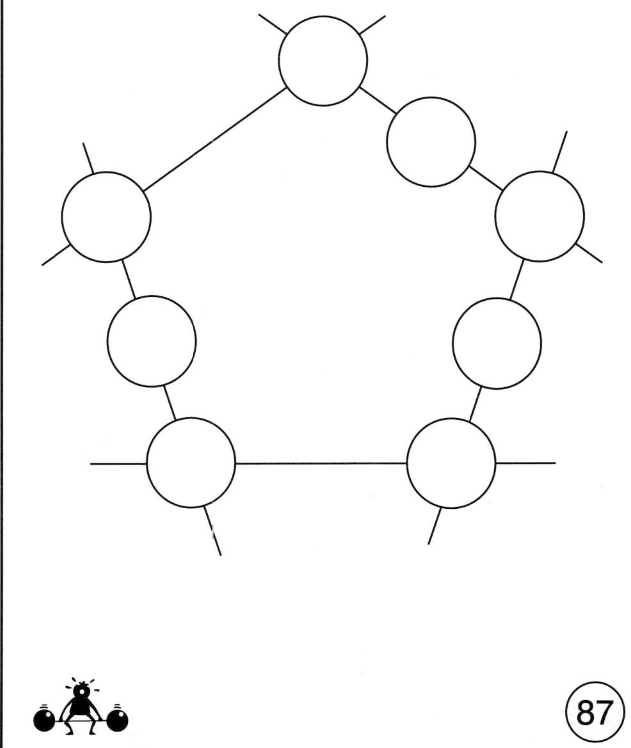

87

Schreibe die Zahlen 1 bis 8.
Auf allen Geraden soll die Summe der Zahlen gleich sein.

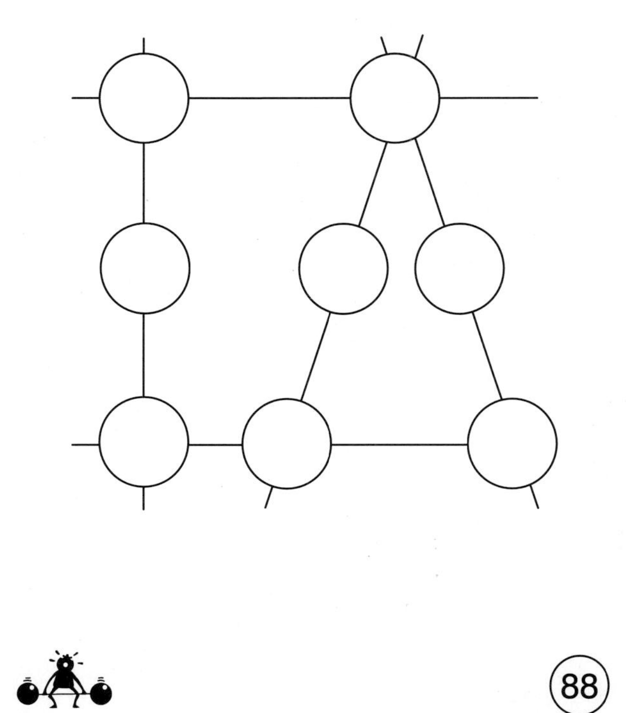

88

© Persen Verlag

Zahlenspiel mit Geraden

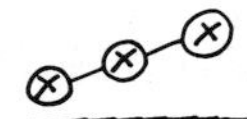

Schreibe die Zahlen 1 bis 8.
Auf allen Geraden soll die Summe der Zahlen gleich sein.

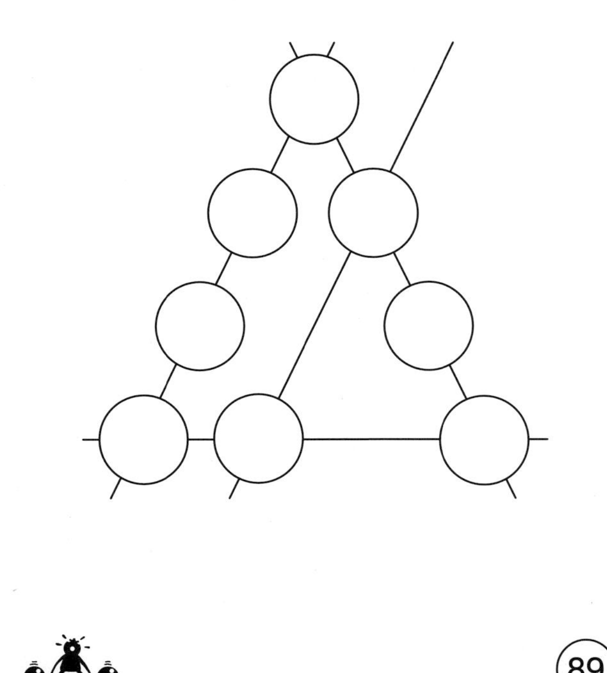

89

Schreibe die Zahlen 1 bis 8.
Auf allen Geraden soll die Summe der Zahlen gleich sein.

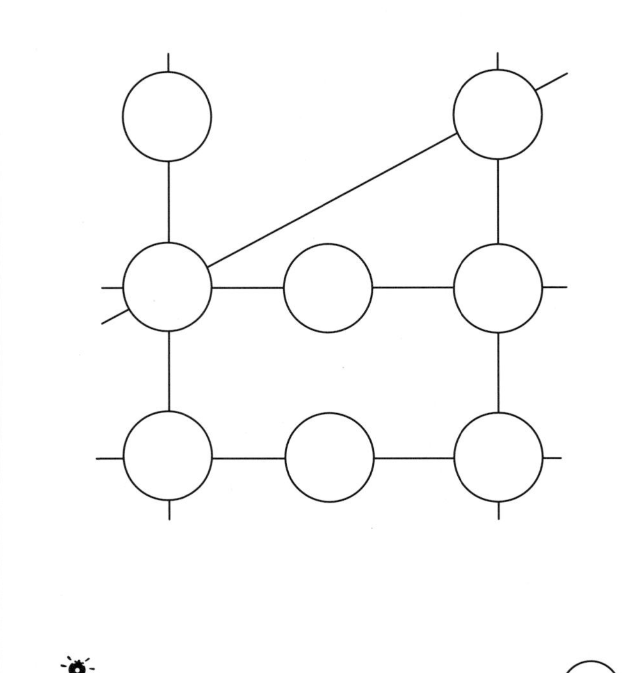

90

Schreibe die Zahlen 1 bis 8.
Auf allen Geraden soll die Summe der Zahlen gleich sein.

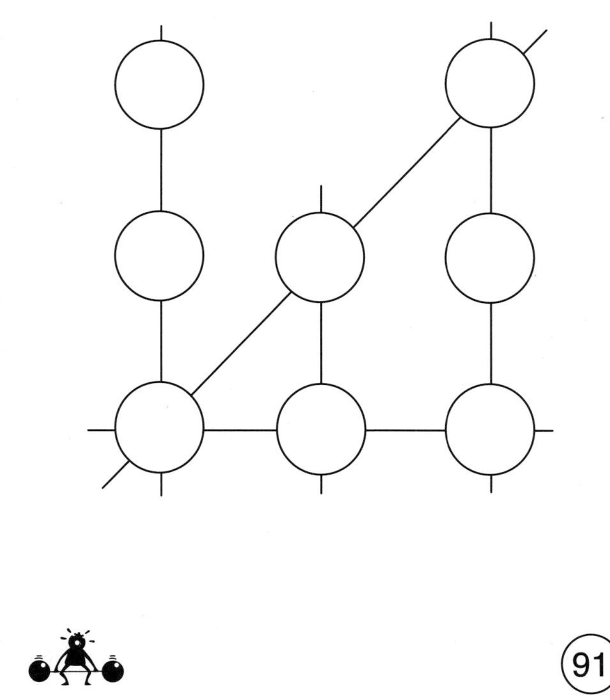

91

Schreibe die Zahlen 1 bis 9.
Auf allen Geraden soll die Summe der Zahlen gleich sein.

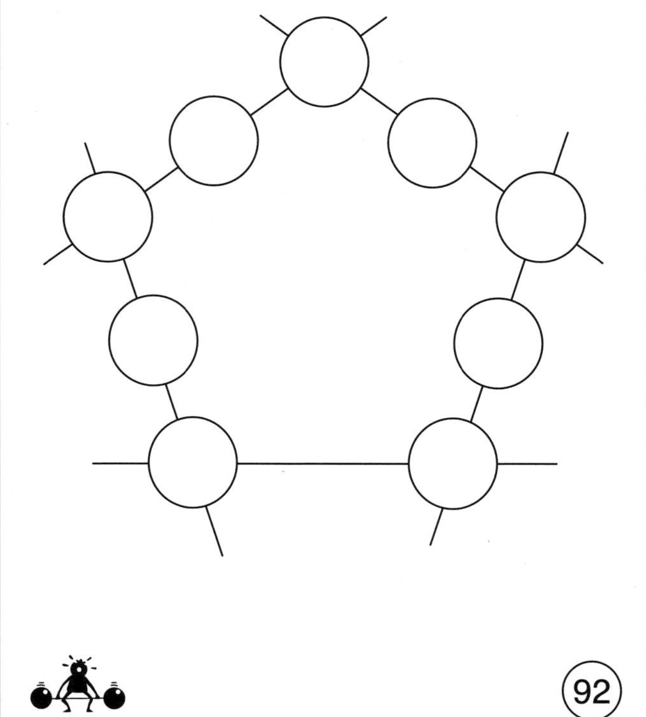

92

K.-H. Spröd: Knobelaufgaben im Zahlenraum bis 20
© Persen Verlag

Zahlenspiel mit Geraden

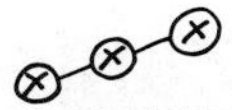

Schreibe die Zahlen 1 bis 9.
Auf allen Geraden soll die Summe der Zahlen gleich sein.

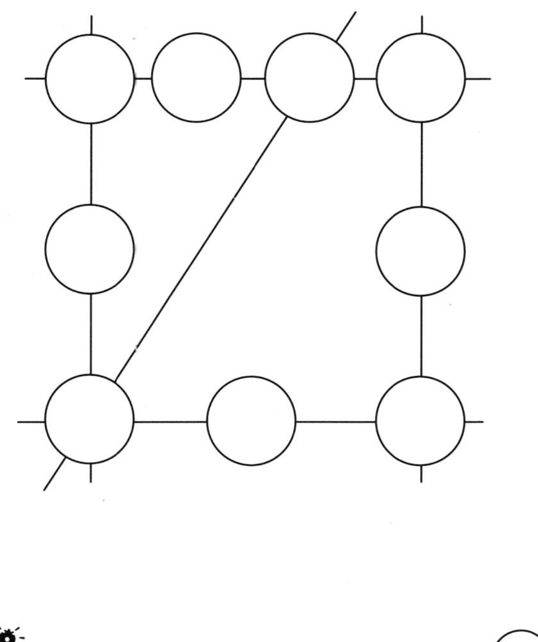

93

Schreibe die Zahlen 1 bis 9.
Auf allen Geraden soll die Summe der Zahlen gleich sein.

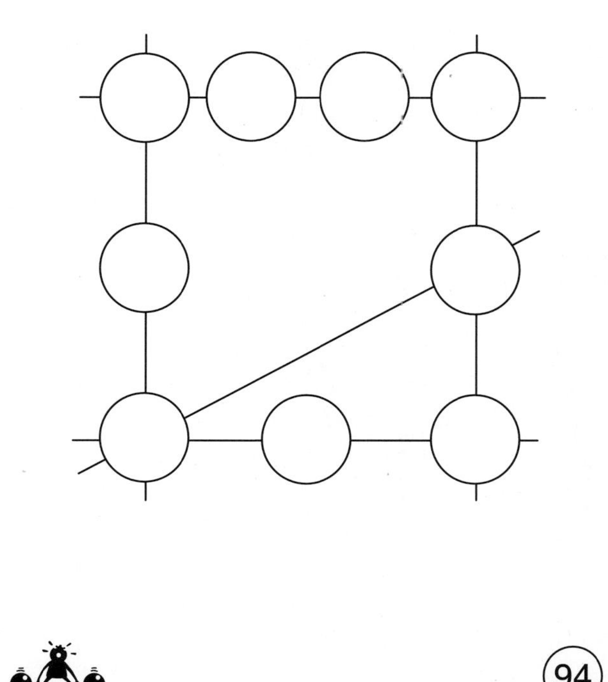

94

Schreibe die Zahlen 1 bis 9.
Auf allen Geraden soll die Summe der Zahlen gleich sein.

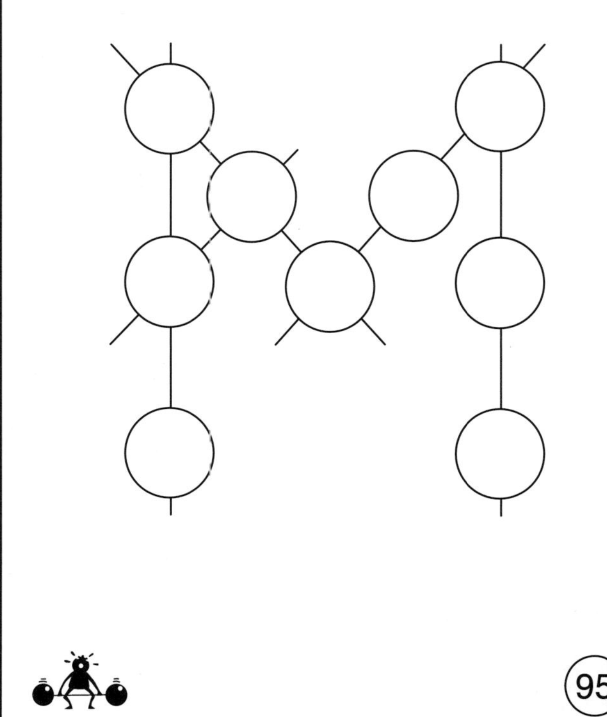

95

Schreibe die Zahlen 1 bis 7.
Auf allen Geraden soll die Summe der Zahlen gleich sein.

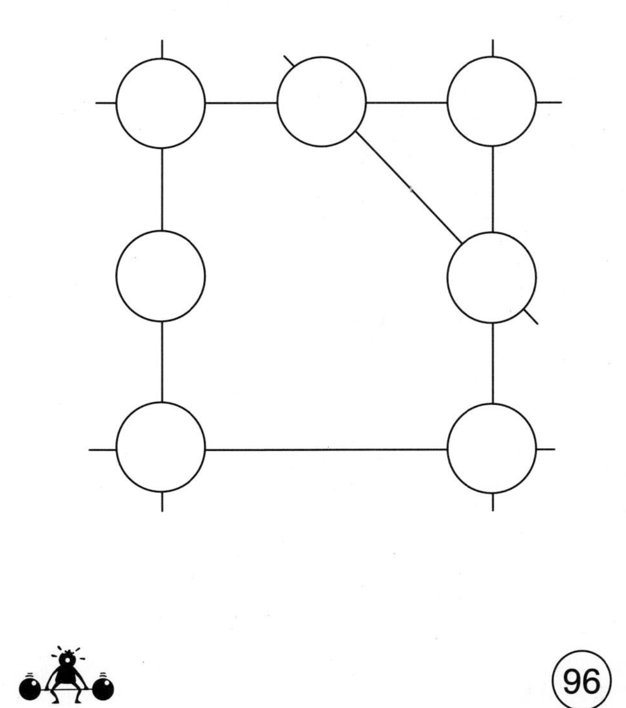

96

© Persen Verlag

Zahlenspiel mit Geraden

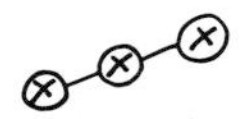

Schreibe die Zahlen 1 bis 8.
Auf allen Geraden soll die Summe der Zahlen gleich sein.

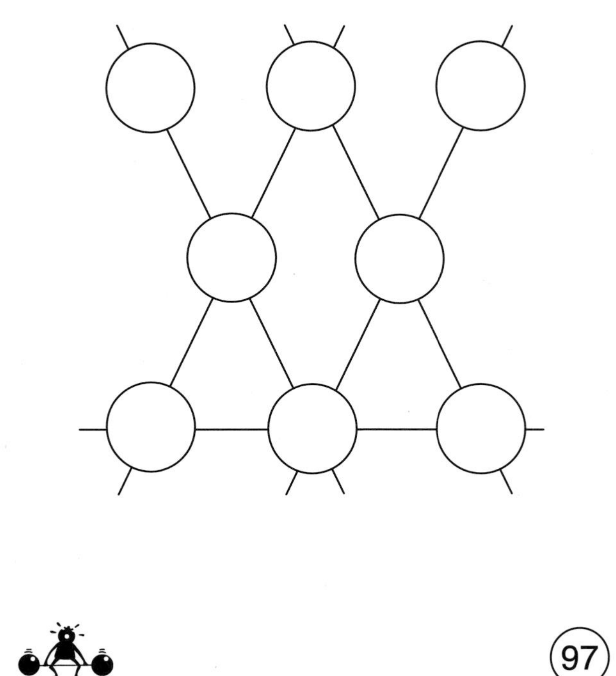

97

Schreibe die Zahlen 1 bis 8.
Auf allen Geraden soll die Summe der Zahlen gleich sein.

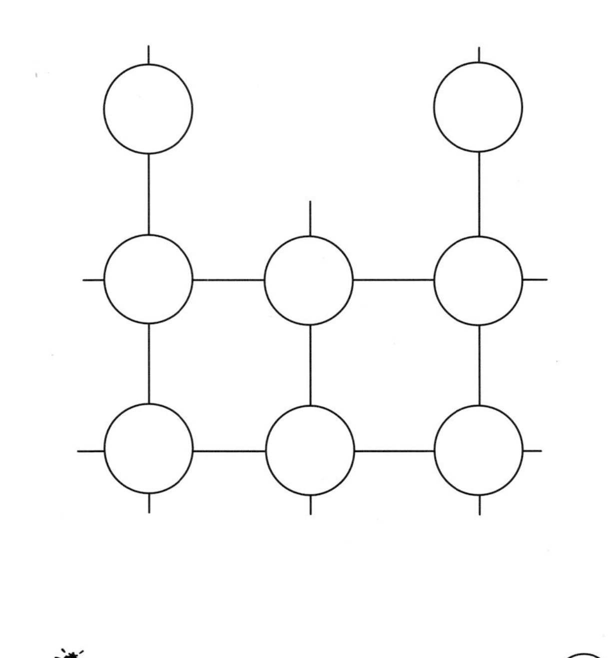

98

Schreibe die Zahlen 1 bis 8.
Auf allen Geraden soll die Summe der Zahlen gleich sein.

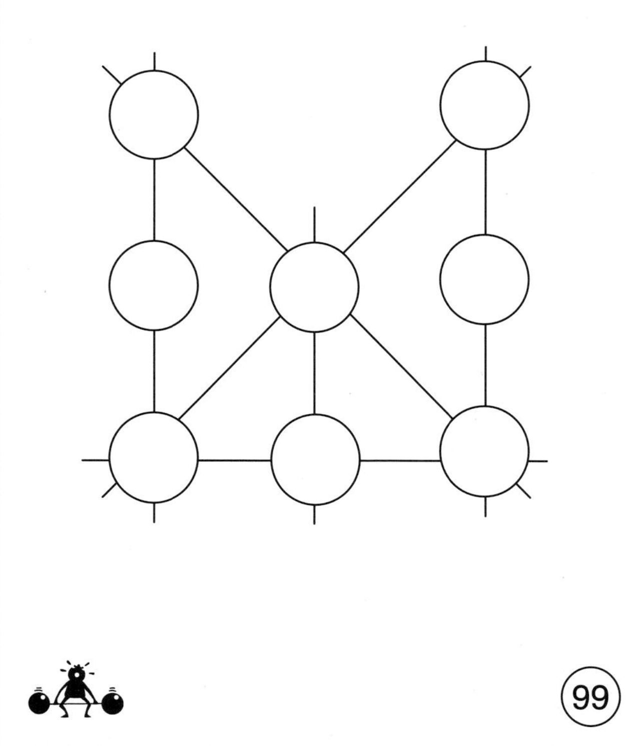

99

Schreibe die Zahlen 1 bis 9.
Auf allen Geraden soll die Summe der Zahlen gleich sein.

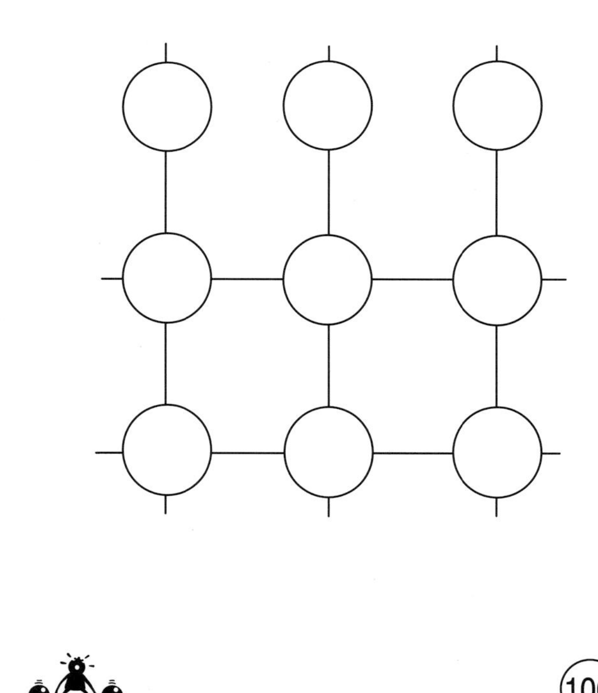

100

© Persen Verlag

Zahlenspiel mit Geraden

Schreibe die Zahlen 1 bis 9.
Auf allen Geraden soll die Summe der Zahlen gleich sein.

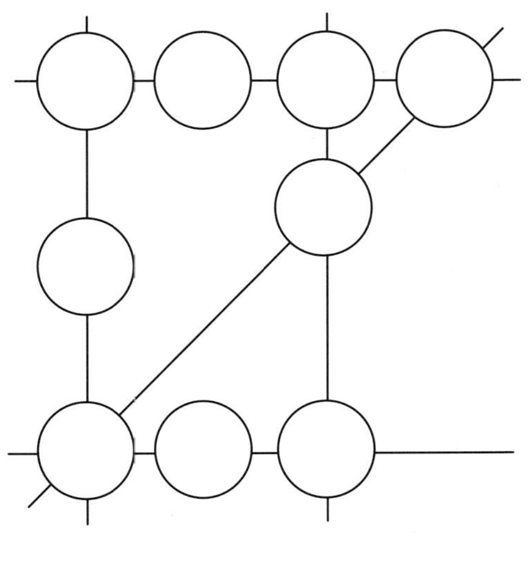

101

Schreibe die Zahlen 1 bis 9.
Auf allen Geraden soll die Summe der Zahlen gleich sein.

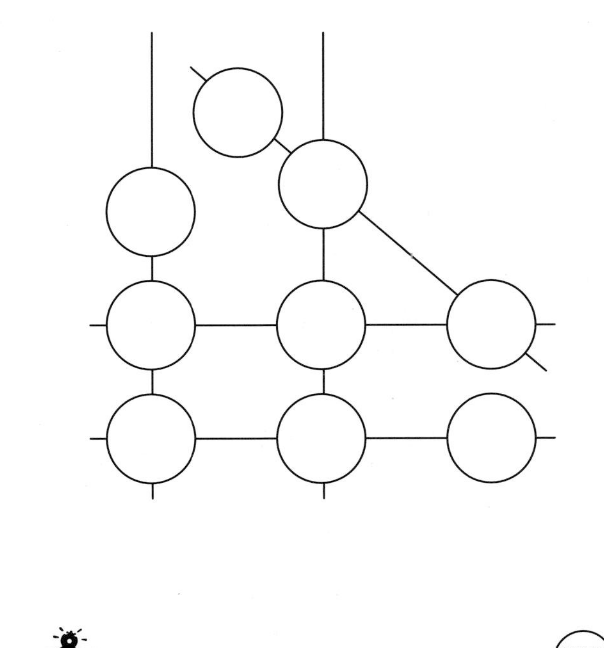

102

Schreibe die Zahlen 1 bis 9.
Auf allen Geraden soll die Summe der Zahlen gleich sein.

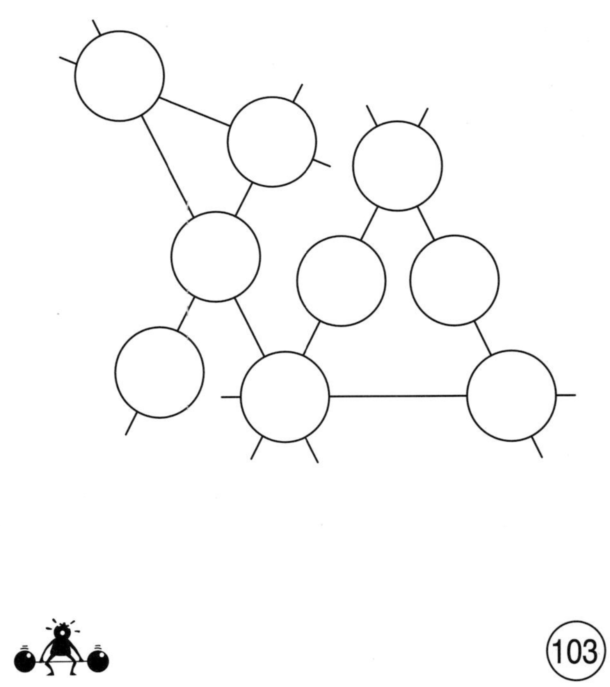

103

Schreibe die Zahlen 1 bis 9.
Auf allen Geraden soll die Summe der Zahlen gleich sein.

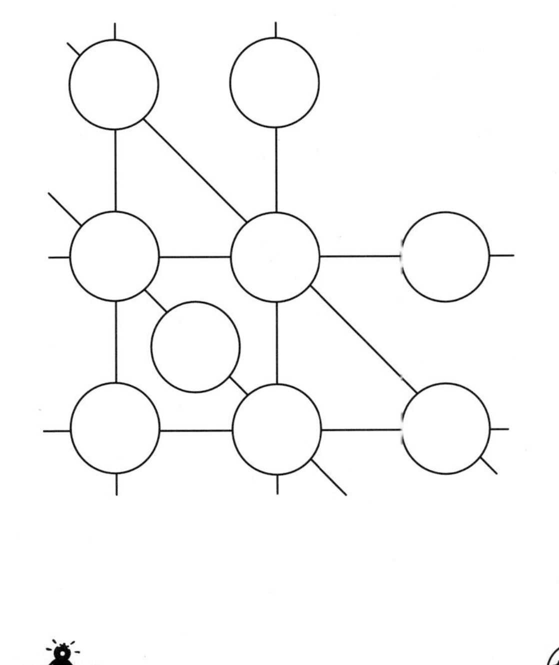

104

© Persen Verlag

Zahlenspiel mit Geraden

Schreibe die Zahlen 1 bis 8.
Auf allen Geraden soll die Summe der Zahlen gleich sein.

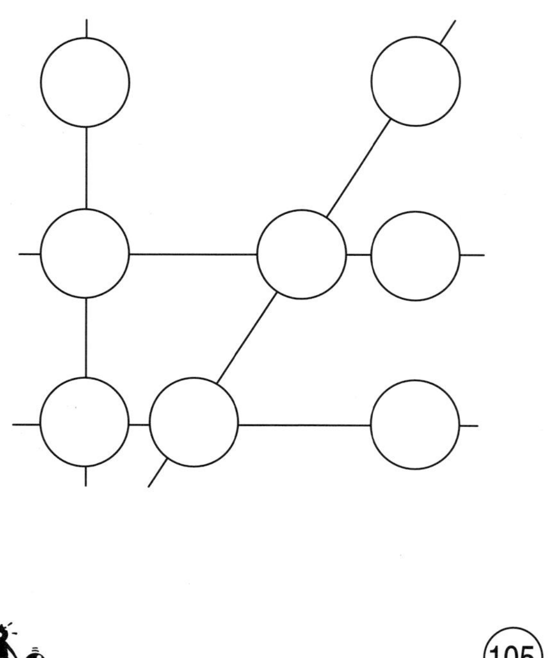

105

Schreibe die Zahlen 1 bis 9.
Auf allen Geraden soll die Summe der Zahlen gleich sein.

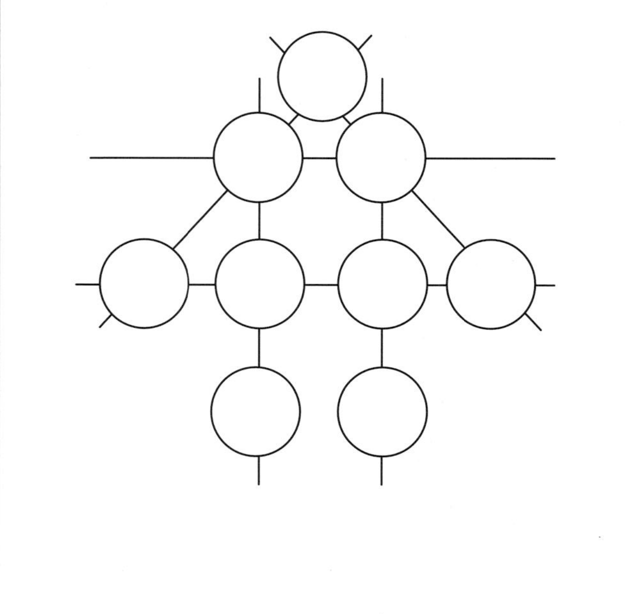

106

Schreibe die Zahlen 1 bis 9.
Auf allen Geraden soll die Summe der Zahlen gleich sein.

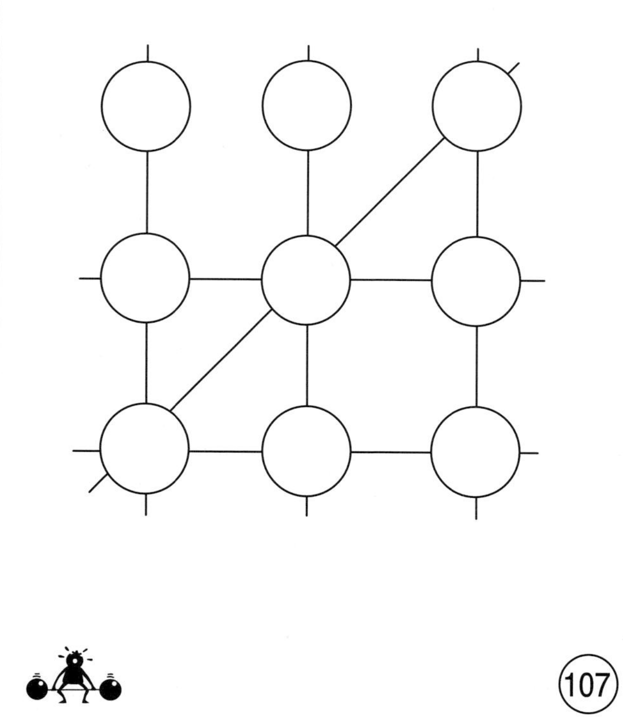

107

Schreibe die Zahlen 1 bis 9.
Auf allen Geraden soll die Summe der Zahlen gleich sein.

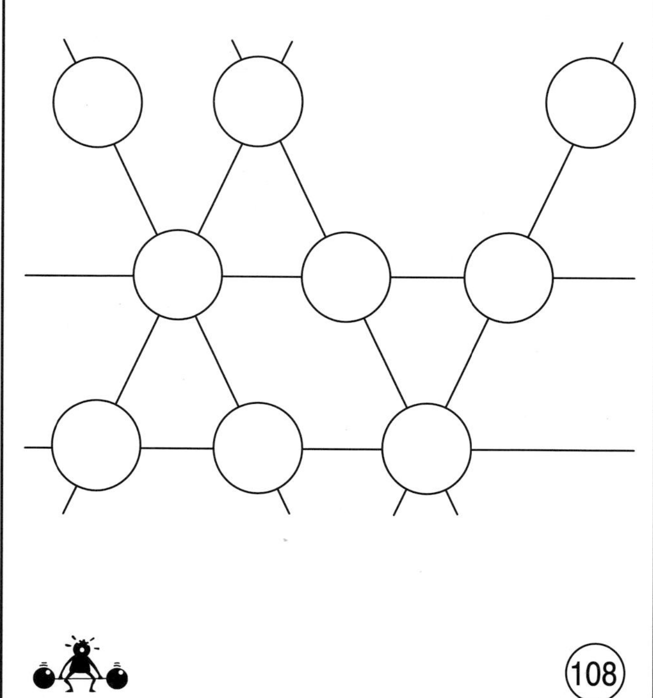

108

© Persen Verlag

Zahlenspiel mit Geraden

Schreibe die Zahlen 1 bis 8.
Auf allen Geraden soll die Summe
der Zahlen gleich sein.

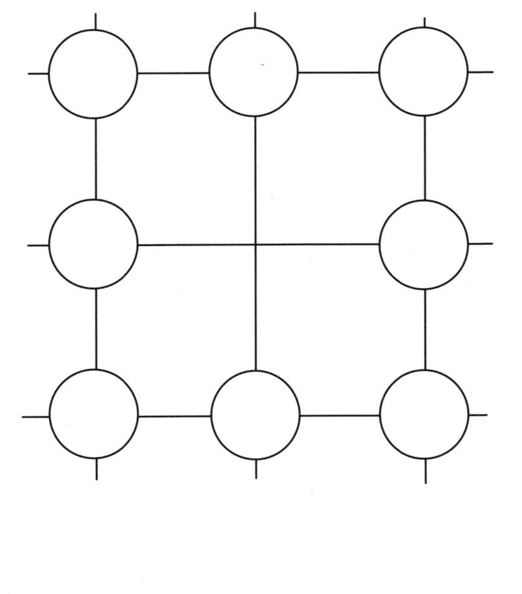

109

Schreibe die Zahlen 1 bis 9.
Auf allen Geraden soll die Summe
der Zahlen gleich sein.

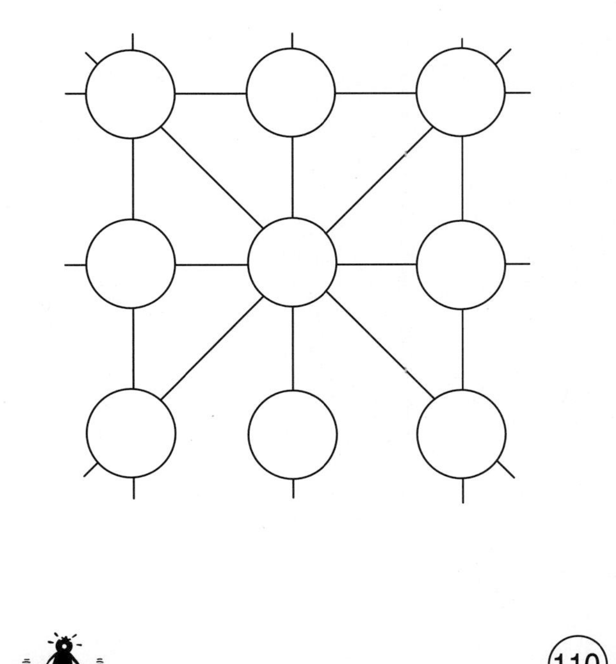

110

Schreibe die Zahlen 1 bis 9.
Auf allen Geraden soll die Summe
der Zahlen gleich sein.

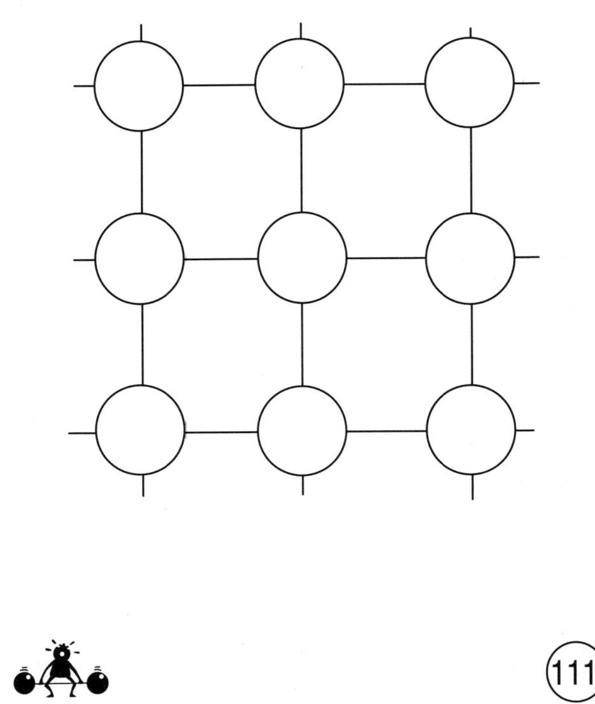

111

Schreibe die Zahlen 1 bis 9.
Auf allen Geraden soll die Summe
der Zahlen gleich sein.

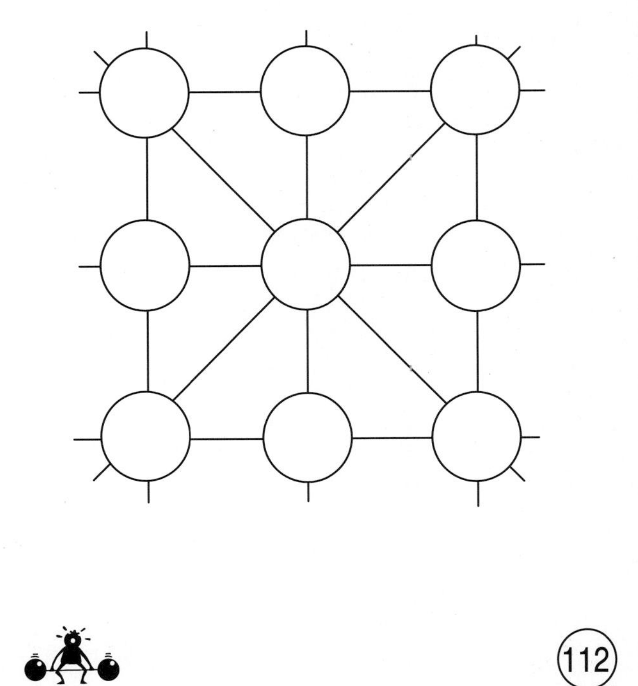

112

© Persen Verlag

Zahlenspiel mit Figuren

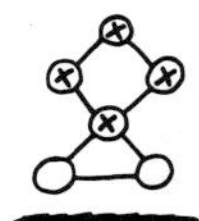

Schreibe die Zahlen 1, 2, 3, 4, 5, 6.
Im rechten Dreieck soll die Summe der Zahlen das Doppelte vom linken Dreieck sein.

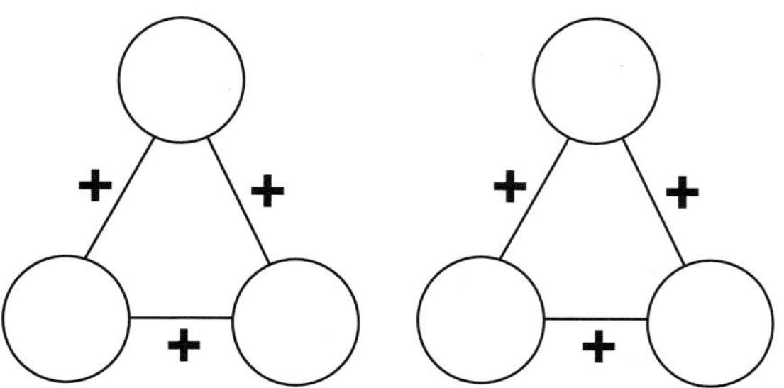

Schreibe die Zahlen 1, 2, 3, 4, 5, 6, 7.
Im Dreieck und im Quadrat soll die Summe der Zahlen gleich sein.

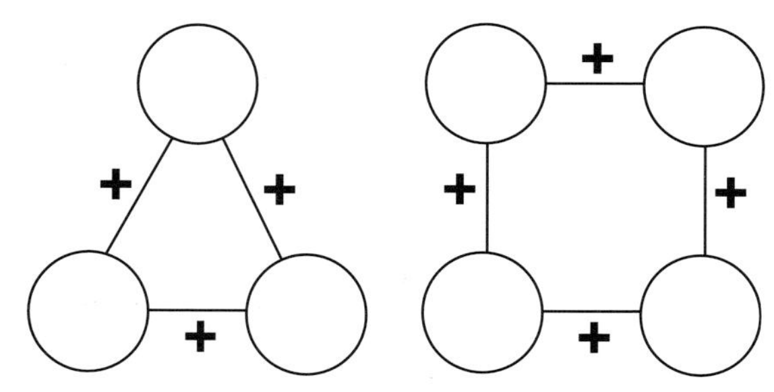

Schreibe die Zahlen 1, 2, 3, 4, 5, 6, 7, 8.
In beiden Quadraten soll die Summe der Zahlen gleich sein.

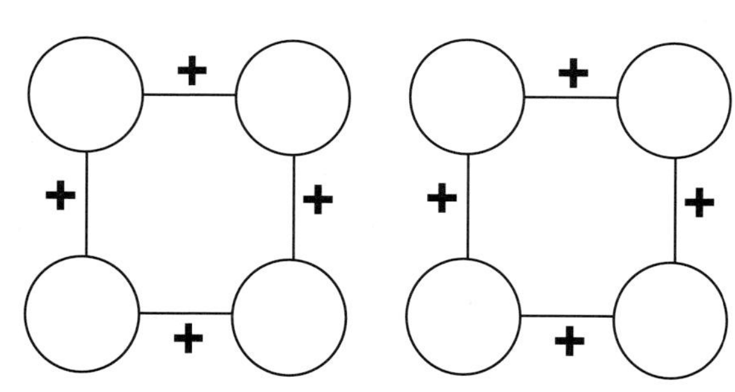

Schreibe die Zahlen 1, 2, 3, 4, 5, 6, 7, 8.
Im Dreieck und im Fünfeck soll die Summe der Zahlen gleich sein.

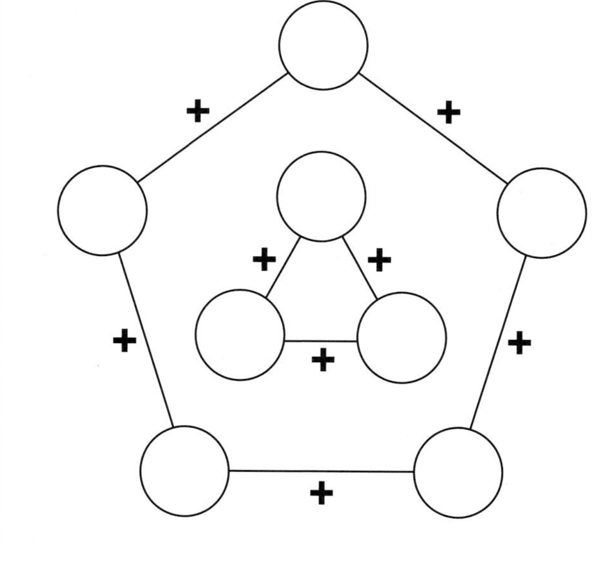

© Persen Verlag

Zahlenspiel mit Figuren

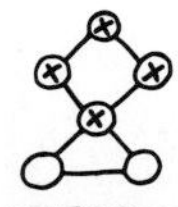

Schreibe die Zahlen 1, 2, 3, 4, 5, 6, 7, 8, 9.
In allen Dreiecken soll die Summe der Zahlen gleich sein.

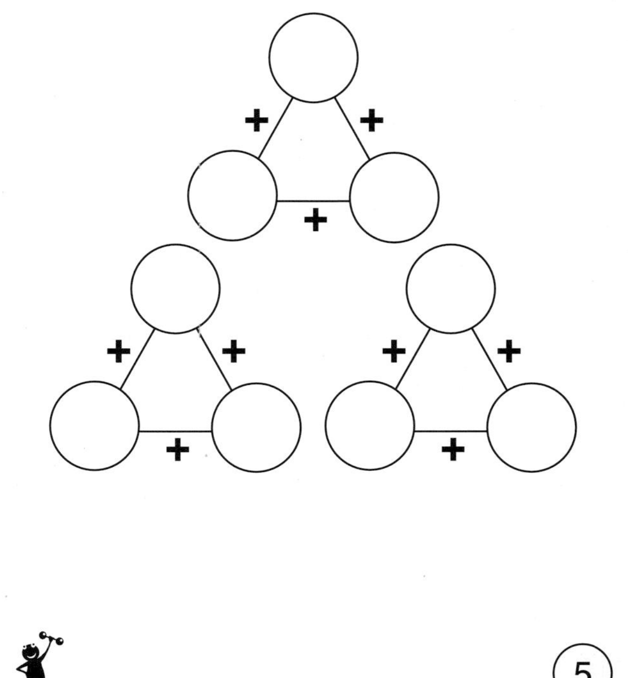

5

Schreibe die Zahlen 1 bis 5.
In beiden Dreiecken soll die Summe der Zahlen gleich sein.

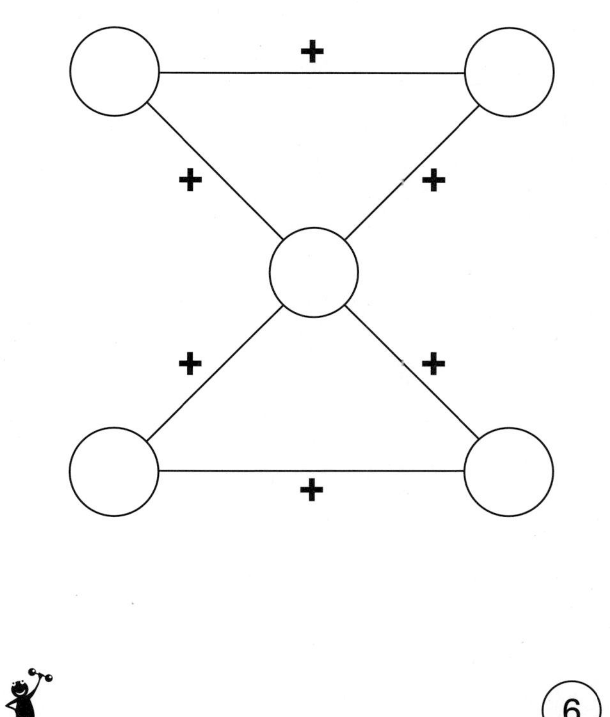

6

Schreibe die Zahlen 1 bis 5.
Im unteren Dreieck soll die Summe der Zahlen zweimal größer sein als im oberen Dreieck.

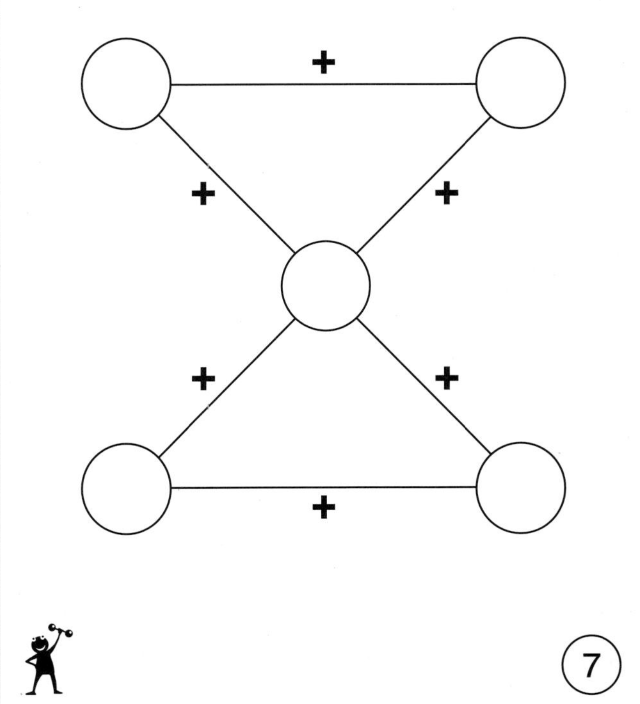

7

Schreibe die Zahlen 1 bis 6.
Im Dreieck und im Quadrat soll die Summe der Zahlen gleich sein.

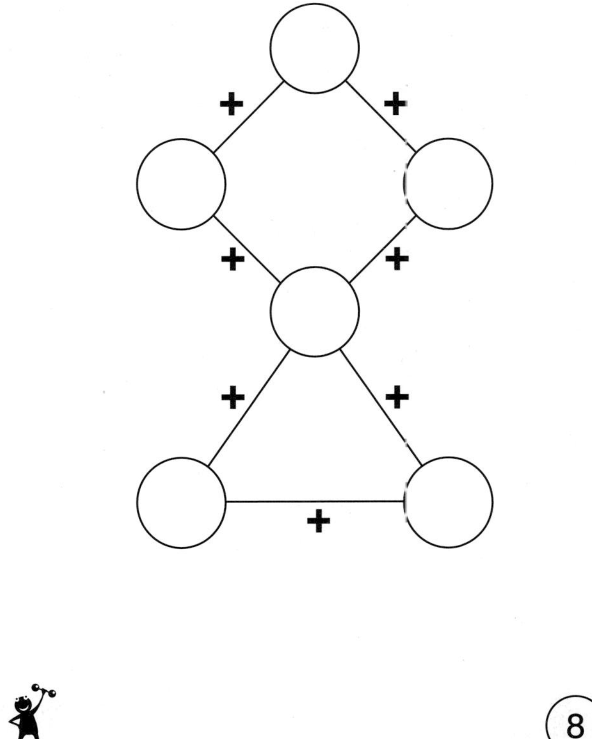

8

© Persen Verlag

Zahlenspiel mit Figuren

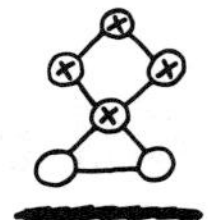

Schreibe die Zahlen 1 bis 6.
Im Quadrat soll die Summe der Zahlen zweimal größer sein als im Dreieck.

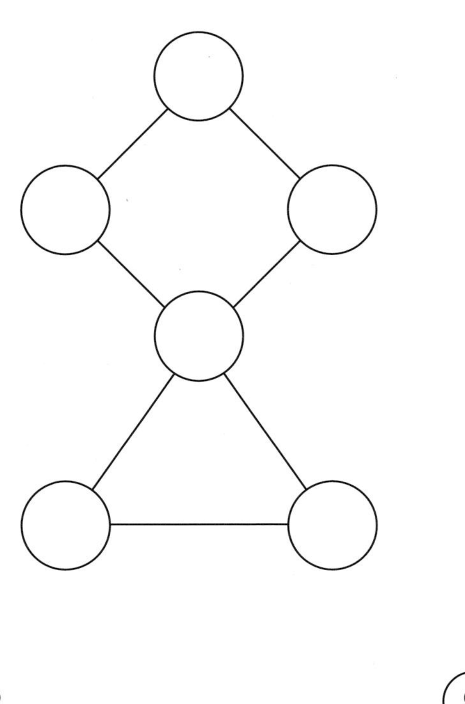

9

Schreibe die Zahlen 1 bis 6.
Im Quadrat soll die Summe der Zahlen dreimal größer sein als im Dreieck.

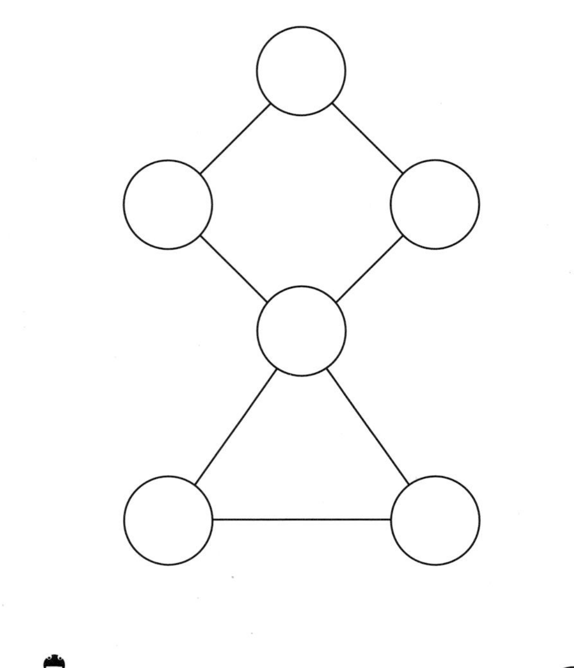

10

Schreibe die Zahlen 1 bis 7.
Im Dreieck und im Fünfeck soll die Summe der Zahlen gleich sein.

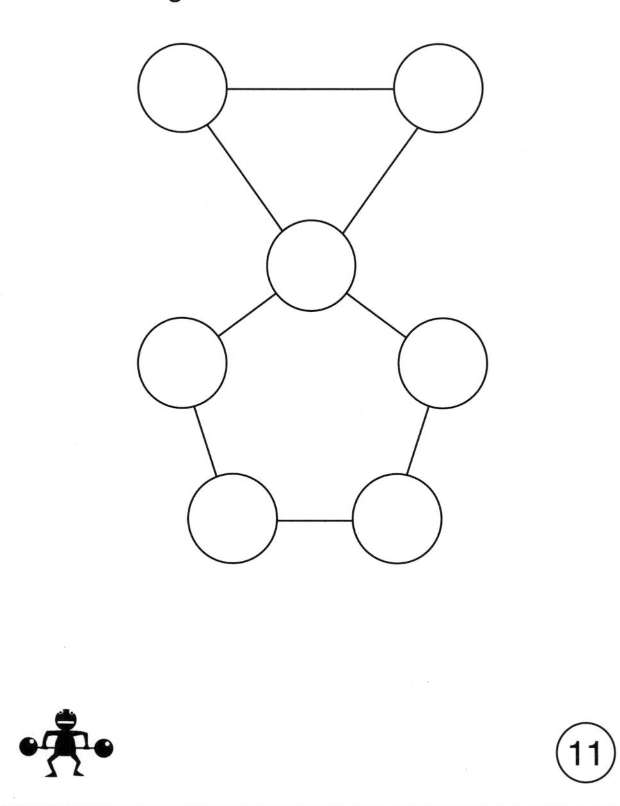

11

Schreibe die Zahlen 1 bis 7.
In allen Dreiecken soll die Summe der Zahlen gleich sein.

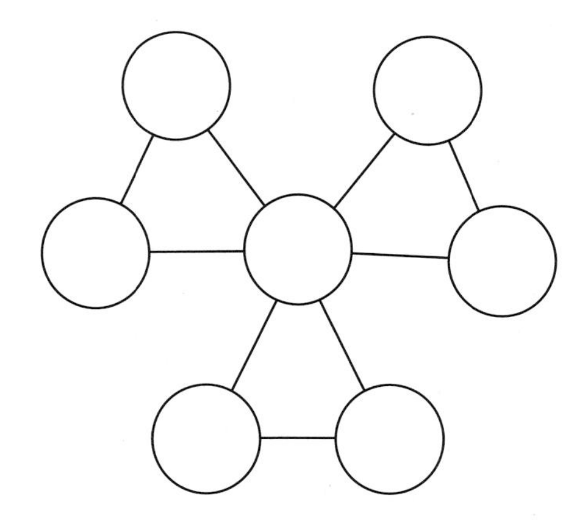

12

K.-H. Spröd: Knobelaufgaben im Zahlenraum bis 20
© Persen Verlag

Zahlenspiel mit Figuren

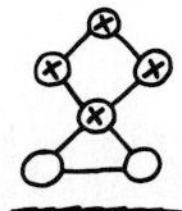

Schreibe die Zahlen 1 bis 7.
In beiden Quadraten soll die Summe der Zahlen gleich sein.

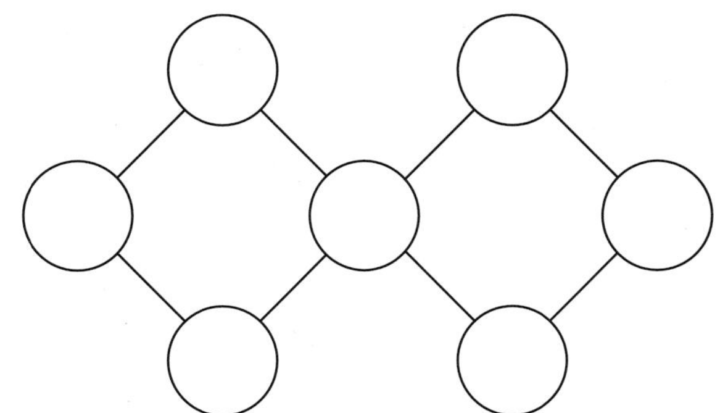

Schreibe die Zahlen 1 bis 7.
Im rechten Quadrat soll die Summe der Zahlen zweimal größer sein als im linken Quadrat.

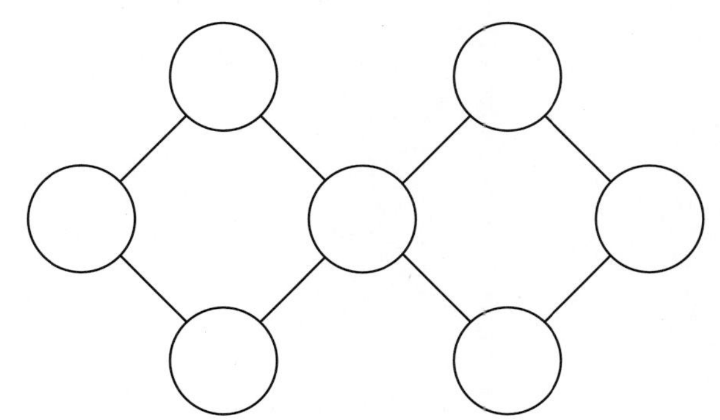

14

Schreibe die Zahlen 1 bis 7.
Im Fünfeck soll die Summe der Zahlen zweimal größer sein als im Dreieck.

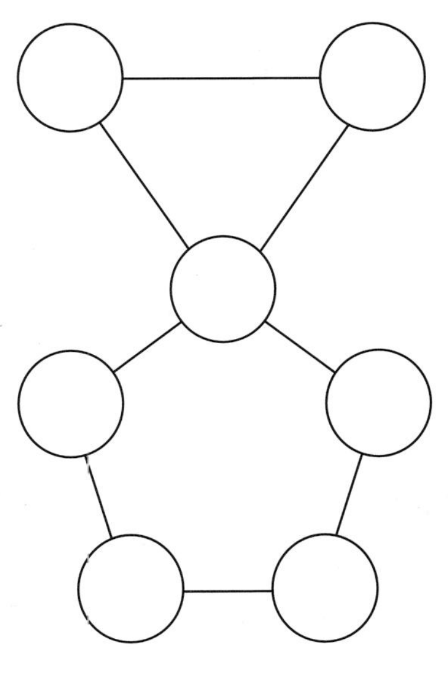

Schreibe die Zahlen 1 bis 9.
In allen vier Dreiecken soll die Summe der Zahlen gleich sein.

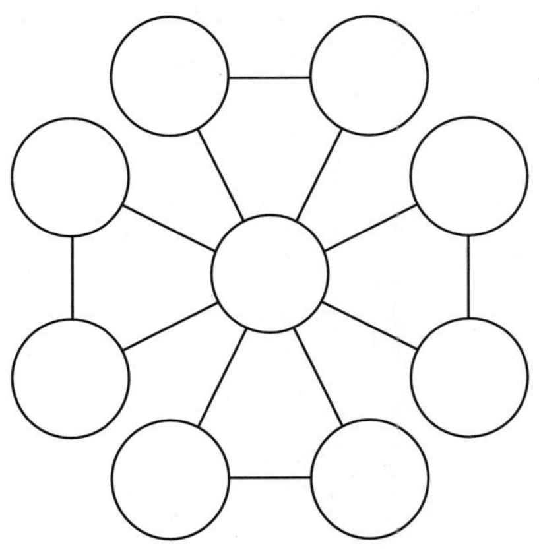

16

© Persen Verlag

Zahlenspiel mit Figuren

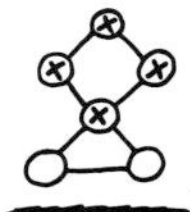

Schreibe die Zahlen 1 bis 9.
Im Dreieck und in beiden Vierecken soll die Summe der Zahlen gleich sein.

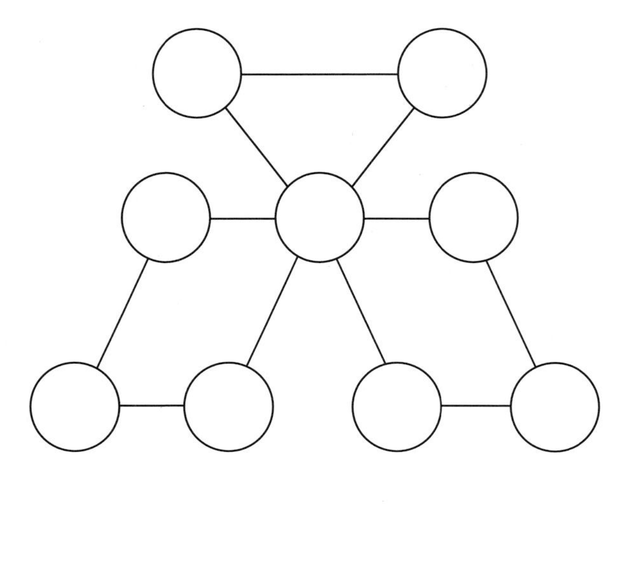

17

Schreibe die Zahlen 1 bis 9.
Im Fünfeck und in beiden Dreiecken soll die Summe der Zahlen gleich sein.

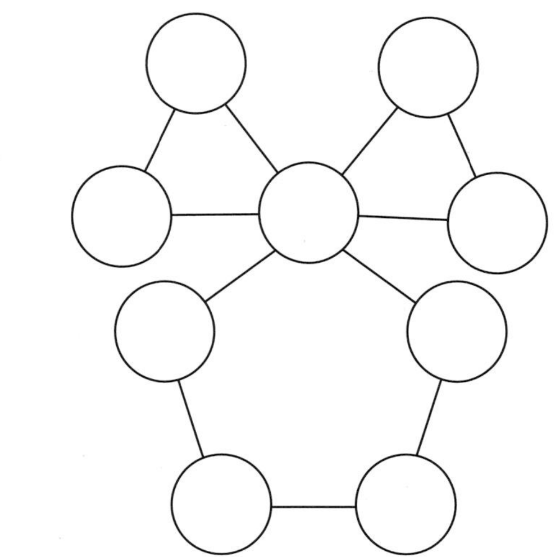

18

Schreibe die Zahlen 1 bis 5.
Im Quadrat soll die Summe der Zahlen zweimal größer sein als im Dreieck

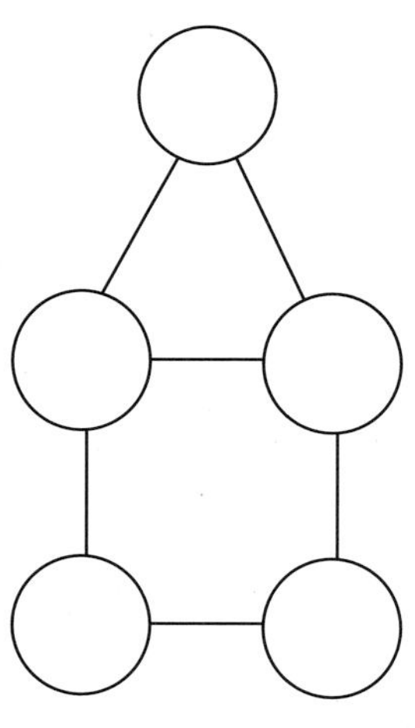

19

Schreibe die Zahlen 1 bis 6.
In beiden Quadraten soll die Summe der Zahlen gleich sein.

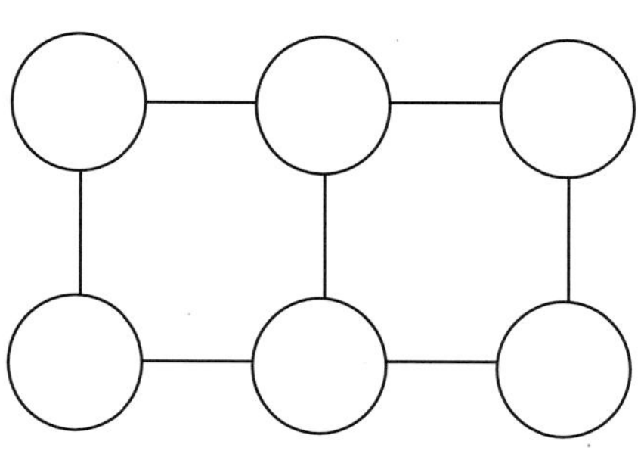

20

© Persen Verlag

Zahlenspiel mit Figuren

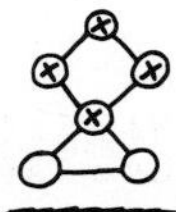

Schreibe die Zahlen 1 bis 6.
Im Fünfeck und im Dreieck soll die Summe der Zahlen gleich sein.

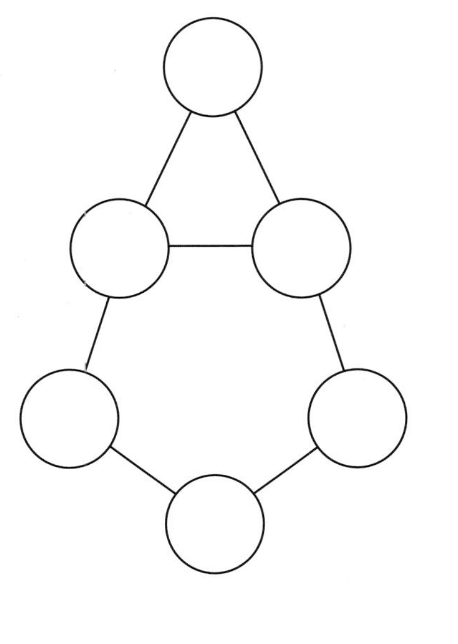

Schreibe die Zahlen 1 bis 6.
Im Viereck und im Fünfeck soll die Summe der Zahlen gleich sein.

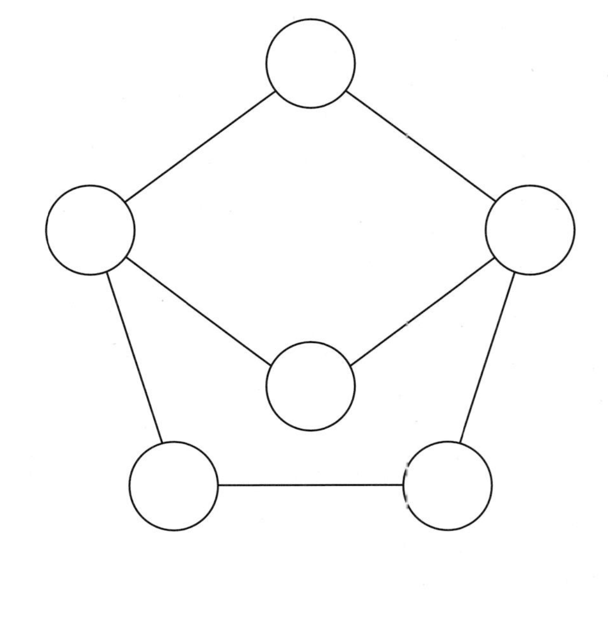

22

Schreibe die Zahlen 1 bis 6.
Im Fünfeck soll die Summe der Zahlen zweimal größer sein als im Dreieck.

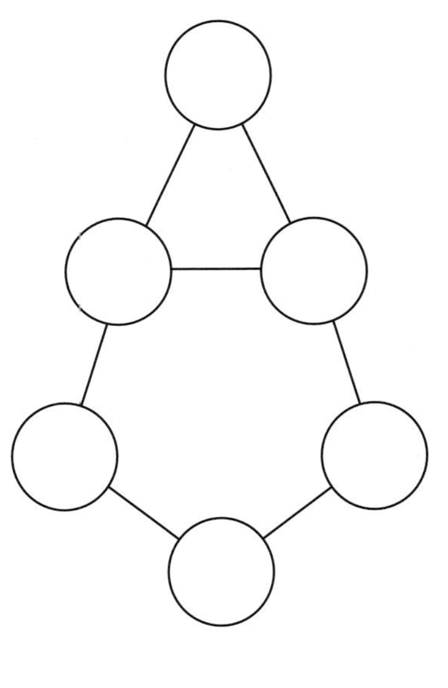

Schreibe die Zahlen 1 bis 6.
Im Fünfeck soll die Summe der Zahlen zweimal größer sein als im Viereck.

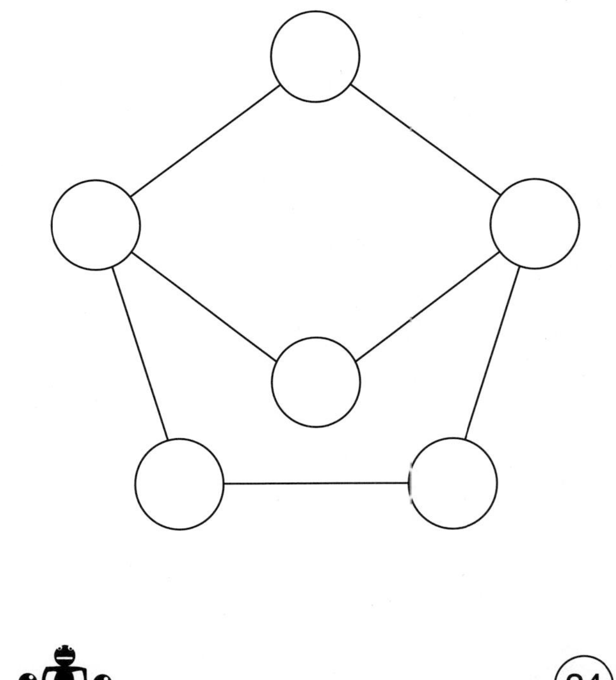

24

© Persen Verlag

Zahlenspiel mit Figuren

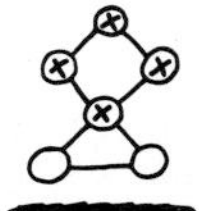

Schreibe die Zahlen 1 bis 6.
Im Fünfeck soll die Summe der Zahlen dreimal größer sein als im Dreieck.

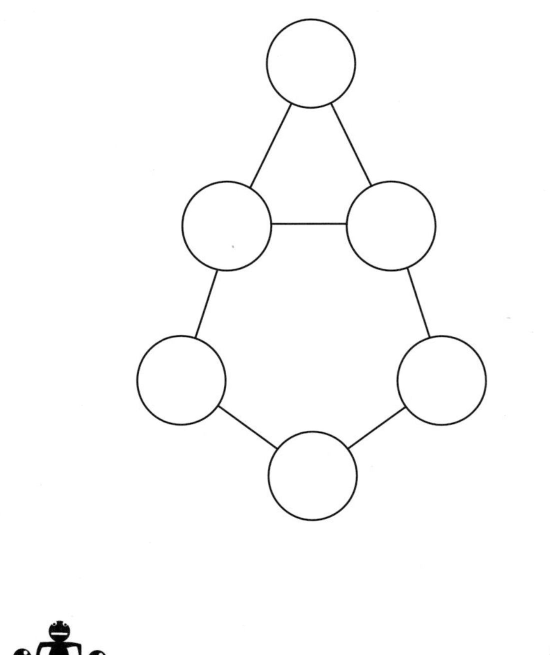

25

Schreibe die Zahlen 1 bis 7.
Im Fünfeck und im Quadrat soll die Summe der Zahlen gleich sein.

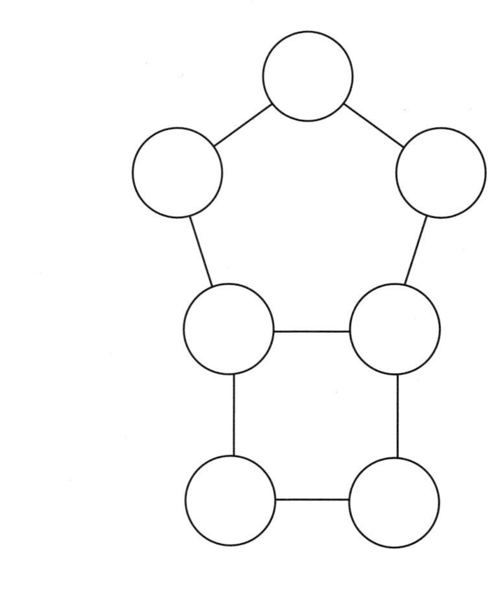

Schreibe die Zahlen 1 bis 7.
In allen drei Dreiecken soll die Summe der Zahlen gleich sein.

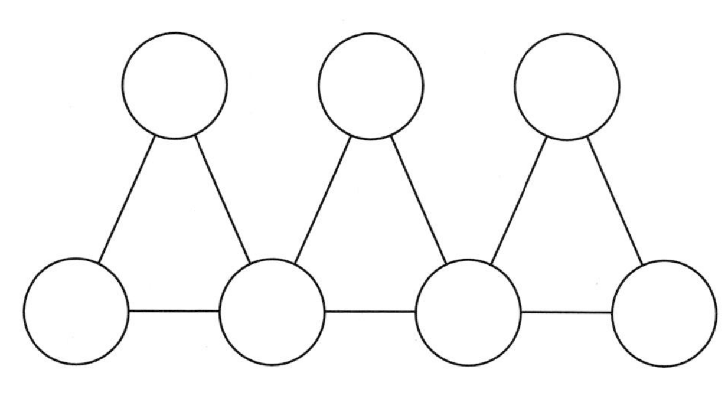

Schreibe die Zahlen 1 bis 7.
Im Dreieck, im Trapez und im Quadrat soll die Summe der Zahlen gleich sein.

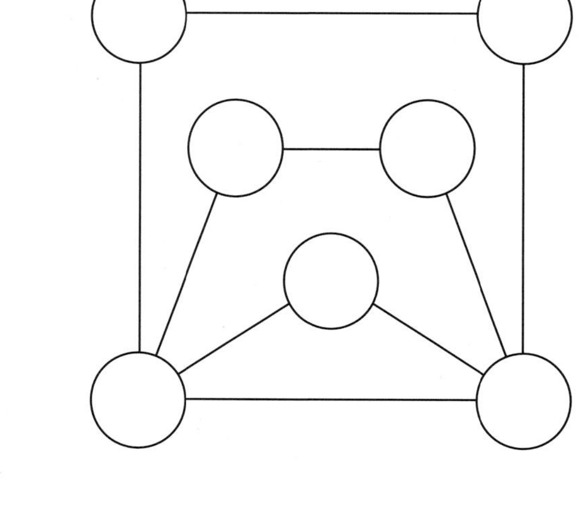

28

K.-H. Spröd: Knobelaufgaben im Zahlenraum bis 20
© Persen Verlag

Zahlenspiel mit Figuren

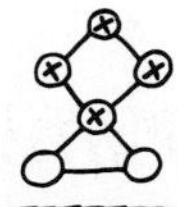

Schreibe die Zahlen 1 bis 9.
In beiden Quadraten und im Dreieck soll die Summe der Zahlen gleich sein.

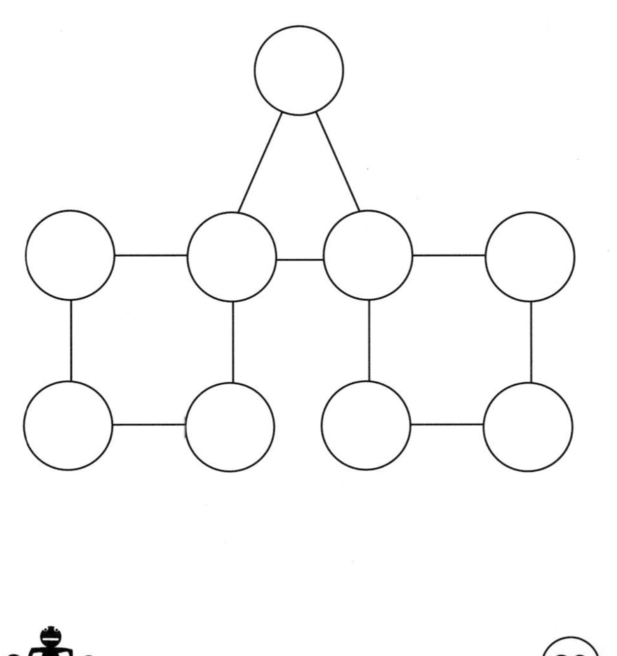

29

Schreibe die Zahlen 1 bis 9.
In beiden Quadraten und im Dreieck soll die Summe der Zahlen gleich sein.

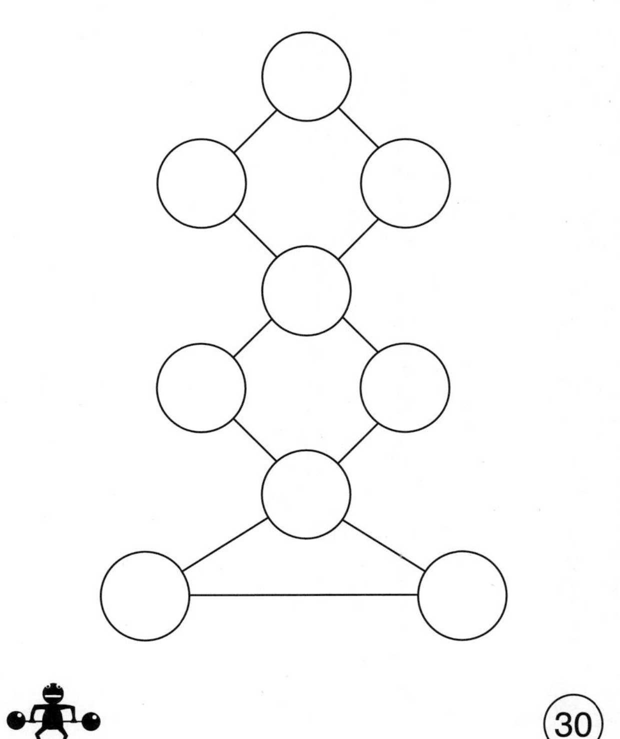

30

Schreibe die Zahlen 1 bis 9.
In beiden Dreiecken und im Fünfeck soll die Summe der Zahlen gleich sein.

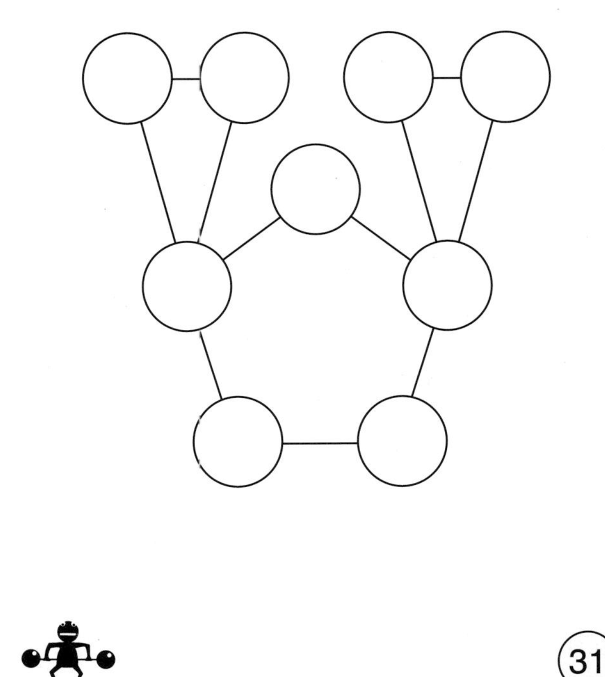

31

Schreibe die Zahlen 1 bis 9.
Im Fünfeck, im Quadrat und im Dreieck soll die Summe der Zahlen gleich sein.

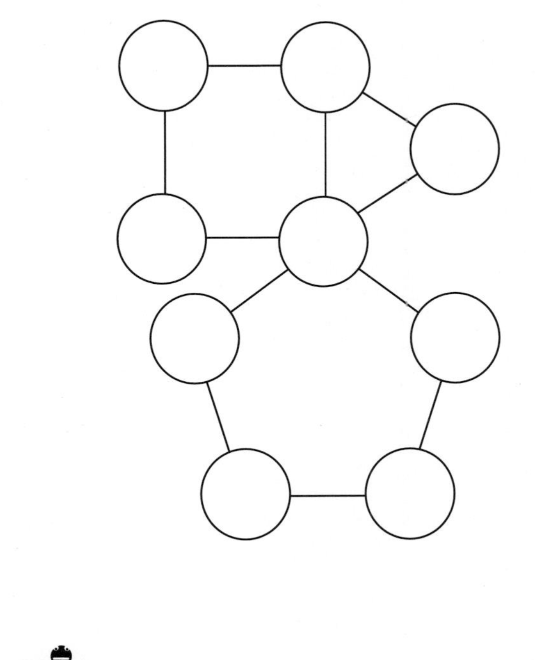

32

© Persen Verlag

Zahlenspiel mit Figuren

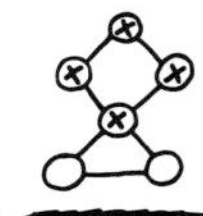

Schreibe die Zahlen 1 bis 6.
Im Quadrat und in beiden Dreiecken soll die Summe der Zahlen gleich sein.

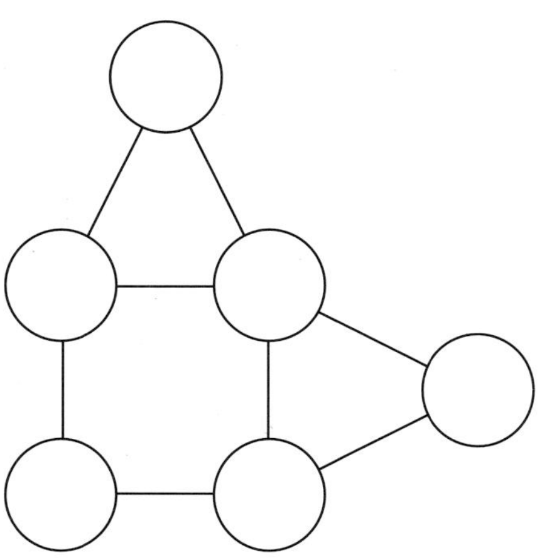

33

Schreibe die Zahlen 1 bis 6.
Im Rechteck soll die Summe der Zahlen zweimal größer sein als im Dreieck.

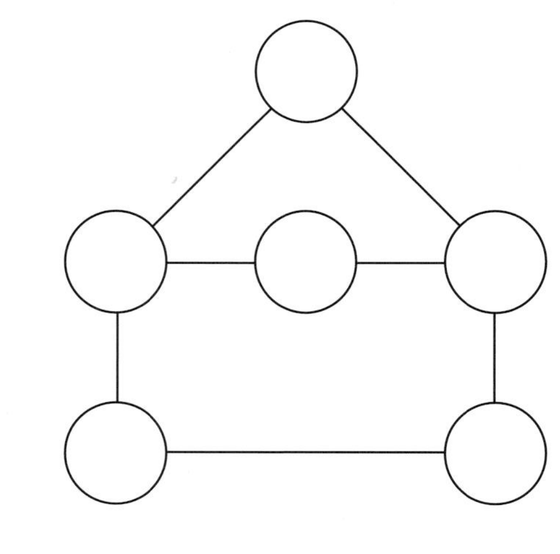

34

Schreibe die Zahlen 1 bis 7.
In beiden Rechtecken soll die Summe der Zahlen gleich sein.

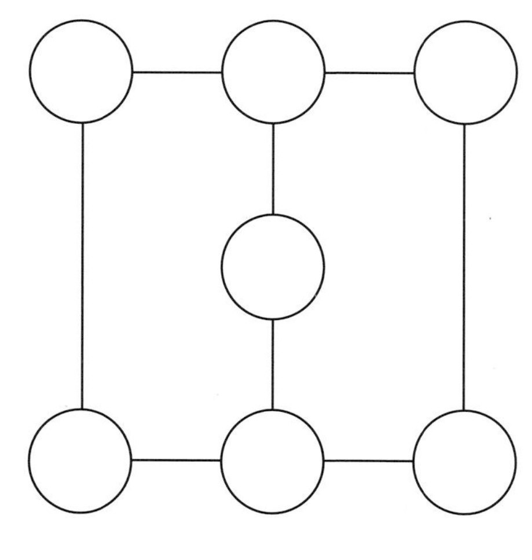

35

Schreibe die Zahlen 1 bis 7.
In beiden Dreiecken und im Quadrat soll die Summe der Zahlen gleich sein.

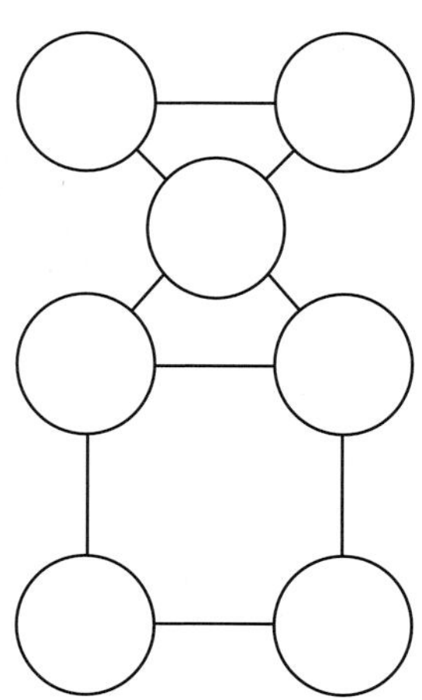

36

K.-H. Spröd: Knobelaufgaben im Zahlenraum bis 20
© Persen Verlag

Zahlenspiel mit Figuren

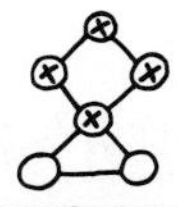

Schreibe die Zahlen 1 bis 8.
Im Fünfeck und in beiden Dreiecken soll die Summe der Zahlen gleich sein.

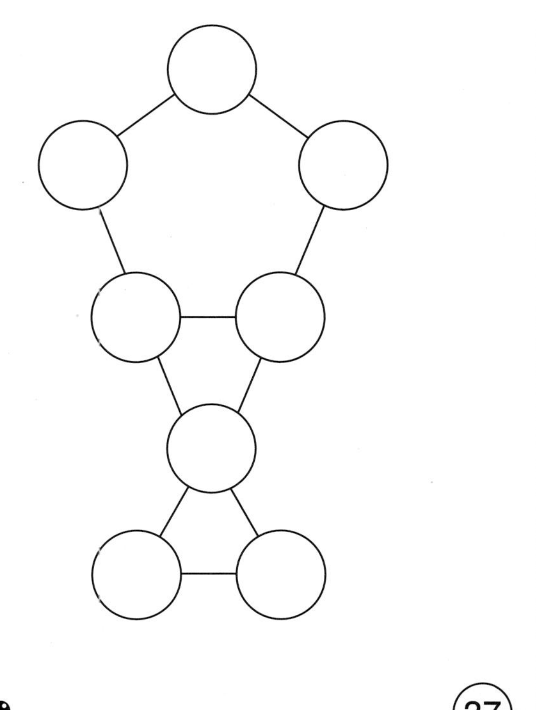

37

Schreibe die Zahlen 1 bis 9.
Im Quadrat und den drei Dreiecken soll die Summe der Zahlen gleich sein.

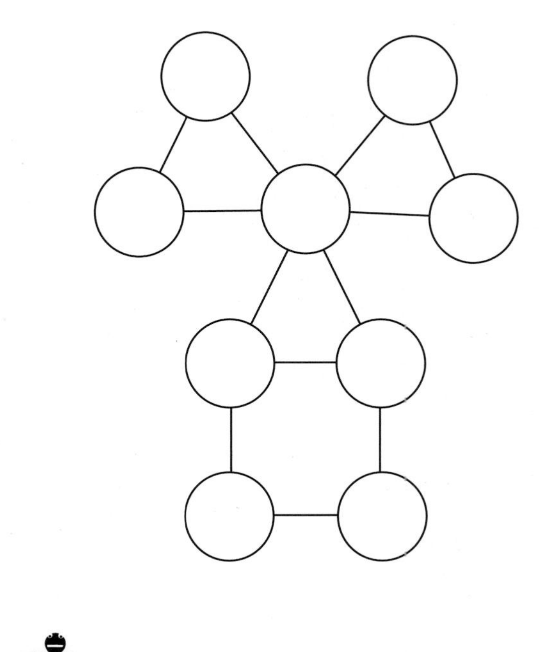

38

Schreibe die Zahlen 1 bis 9.
Im Quadrat und den drei Dreiecken soll die Summe der Zahlen gleich sein.

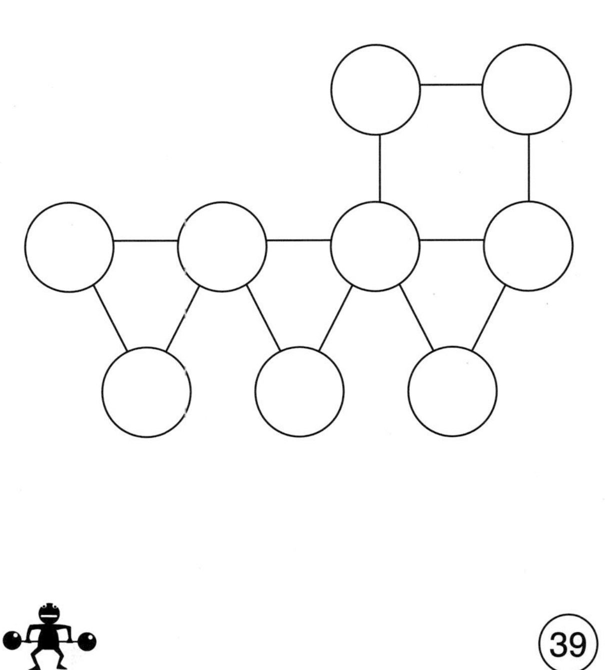

39

Schreibe die Zahlen 1 bis 9.
Im Fünfeck und den drei Dreiecken soll die Summe der Zahlen gleich sein.

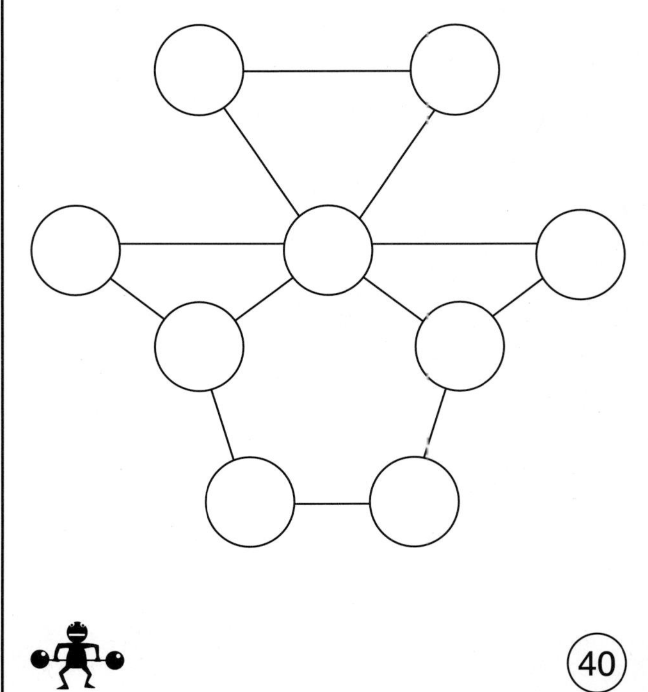

40

© Persen Verlag

Zahlenspiel mit Figuren

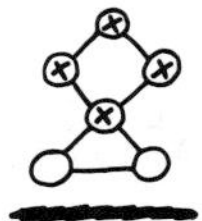

Schreibe die Zahlen 1 bis 9.
In allen drei Quadraten und im Dreieck soll die Summe der Zahlen gleich sein.

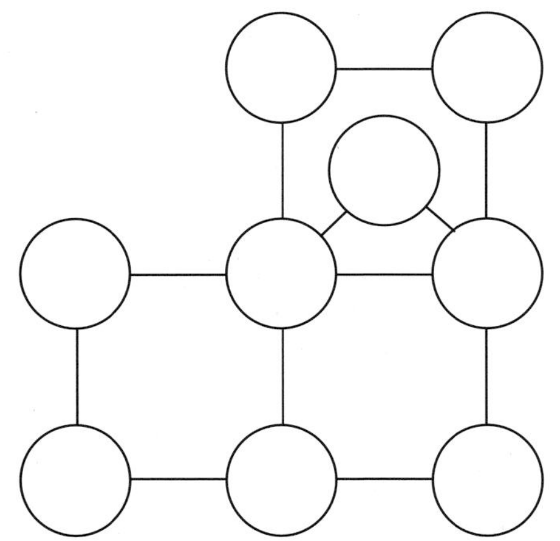

41

Schreibe die Zahlen 1 bis 7.
In allen drei Dreiecken soll die Summe der Zahlen gleich sein.

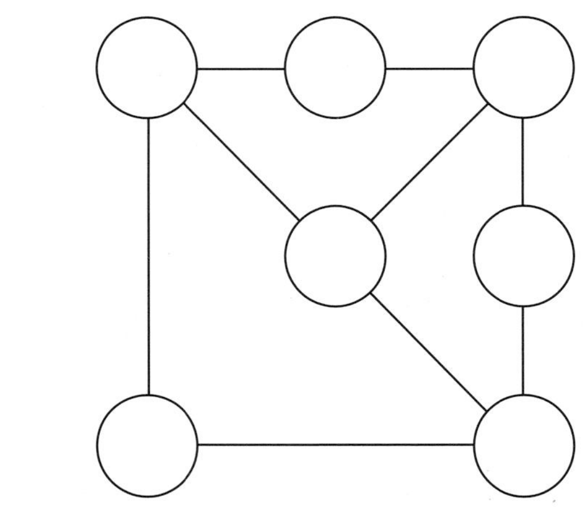

42

Schreibe die Zahlen 1 bis 7.
In beiden Quadraten und im Dreieck soll die Summe der Zahlen gleich sein.

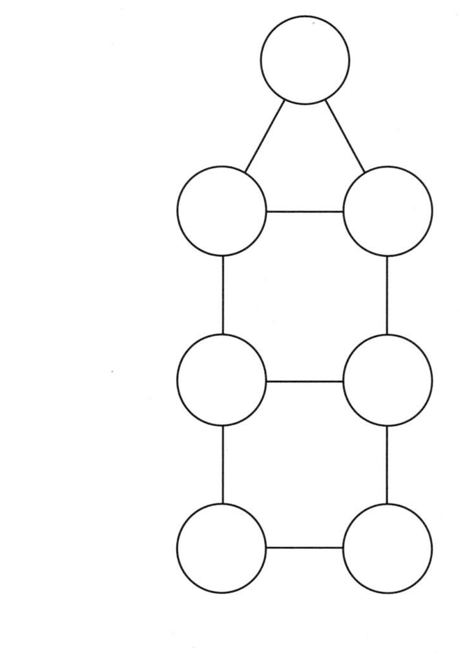

43

Schreibe die Zahlen 1 bis 7.
In beiden Quadraten und im Dreieck soll die Summe der Zahlen gleich sein.

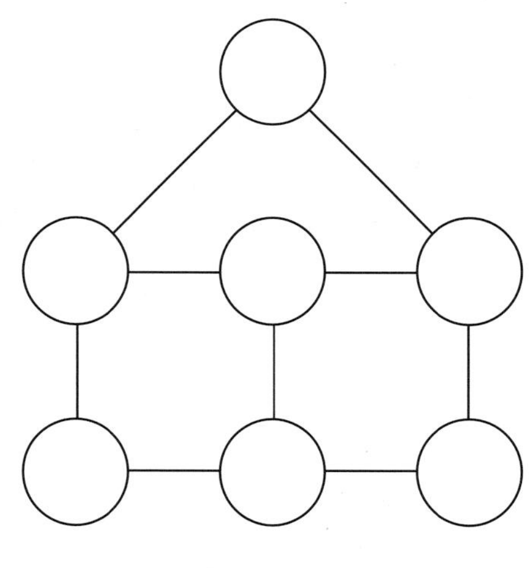

44

© Persen Verlag

Zahlenspiel mit Figuren

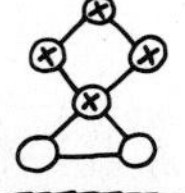

Schreibe die Zahlen 1 bis 7.
In allen drei Vierecken soll die Summe der Zahlen gleich sein.

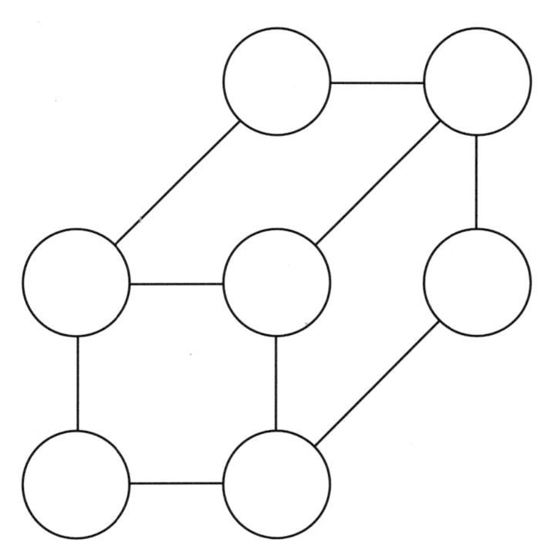

45

Schreibe die Zahlen 1 bis 7.
Im Fünfeck, im Viereck und im Dreieck soll die Summe der Zahlen gleich sein.

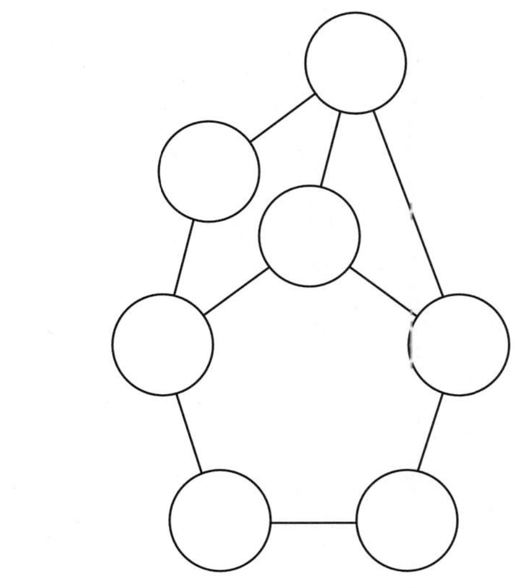

46

Schreibe die Zahlen 1 bis 7.
Im Quadrat und den drei Dreiecken soll die Summe der Zahlen gleich sein.

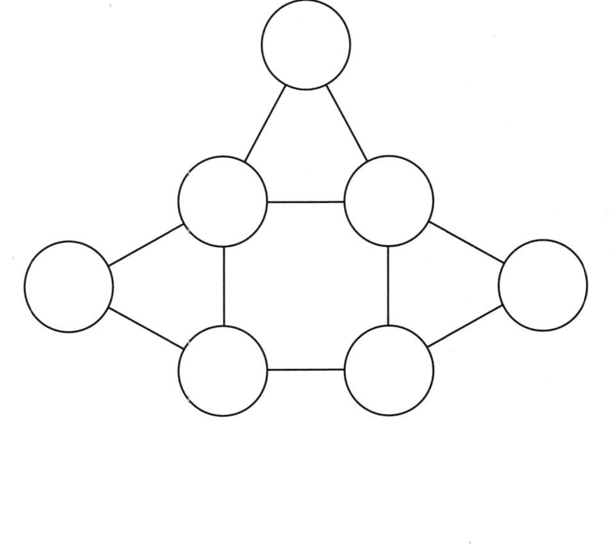

47

Schreibe die Zahlen 1 bis 8.
In allen drei Quadraten soll die Summe der Zahlen gleich sein.

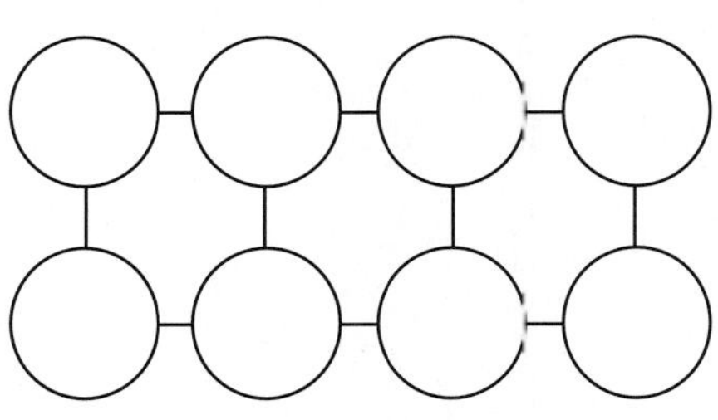

48

© Persen Verlag

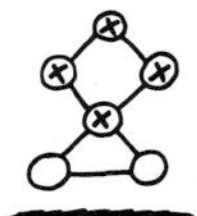

Schreibe die Zahlen 1 bis 8.
In beiden Quadraten und im Rechteck soll die Summe der Zahlen gleich sein.

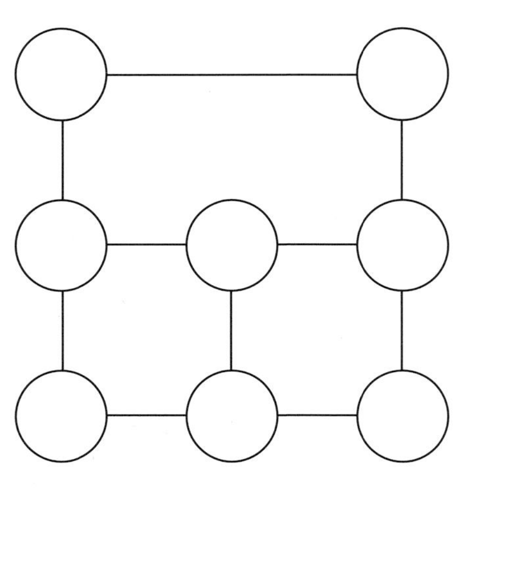

49

Schreibe die Zahlen 1 bis 8.
Im Fünfeck, im Rechteck und im Dreieck soll die Summe der Zahlen gleich sein.

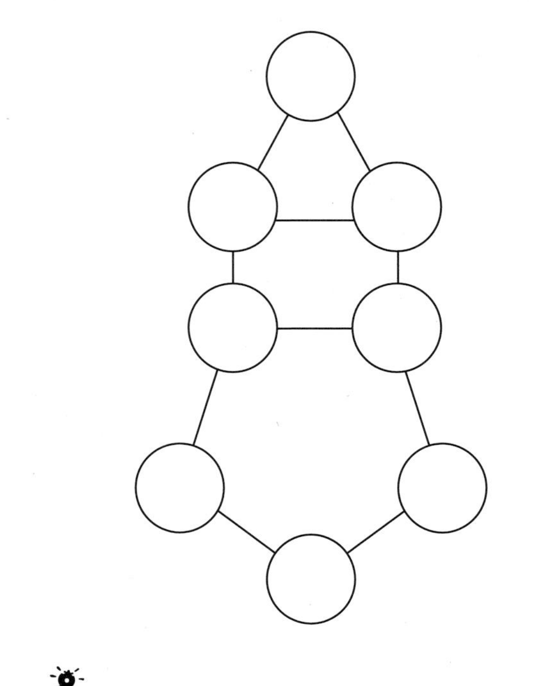

50

Schreibe die Zahlen 1 bis 8.
Im Fünfeck, im Quadrat und im Dreieck soll die Summe der Zahlen gleich sein.

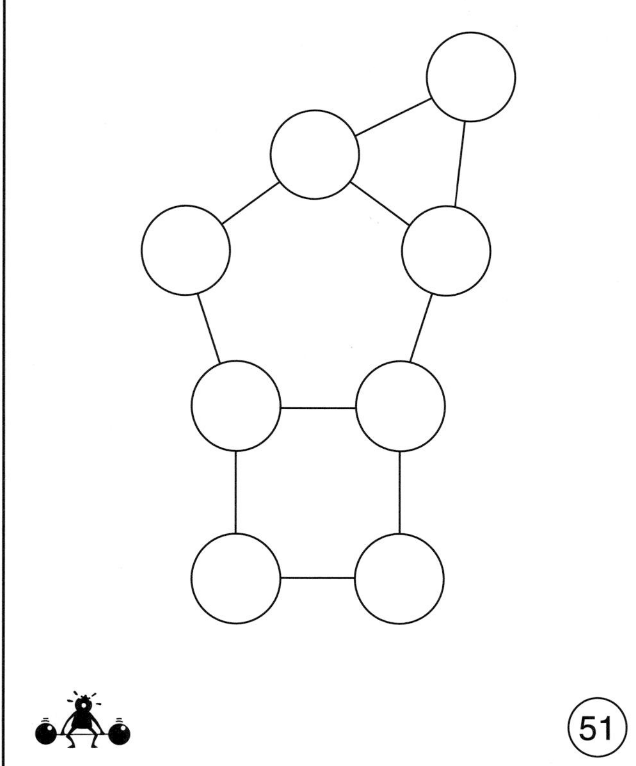

51

Schreibe die Zahlen 1 bis 9.
Im Fünfeck und in beiden Quadraten soll die Summe der Zahlen gleich sein.

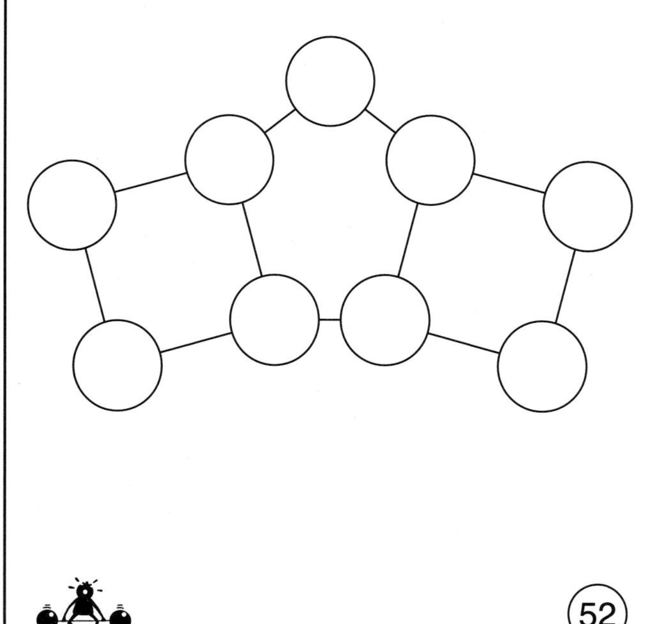

52

© Persen Verlag

Zahlenspiel mit Figuren

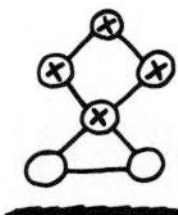

Schreibe die Zahlen 1 bis 9.
Im Quadrat und den drei Dreiecken soll die Summe der Zahlen gleich sein.

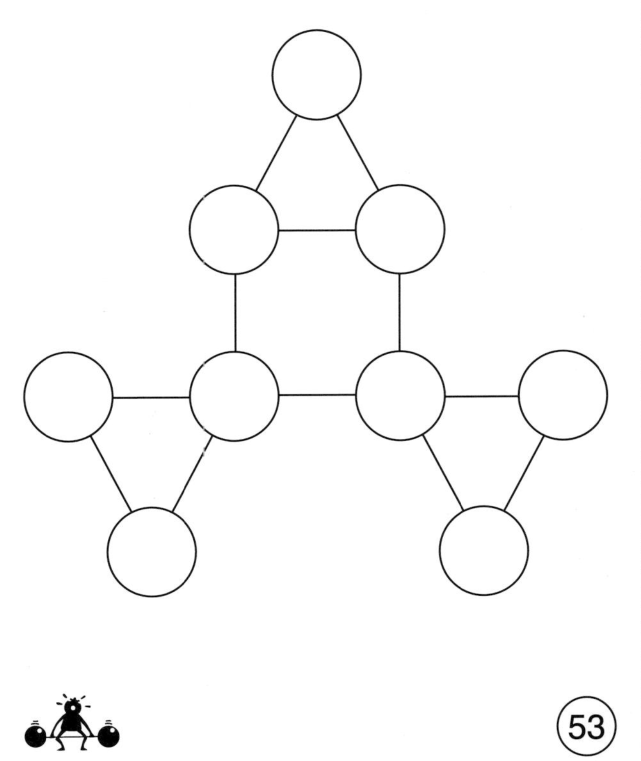

53

Schreibe die Zahlen 1 bis 9.
Im Viereck und den drei Dreiecken soll die Summe der Zahlen gleich sein.

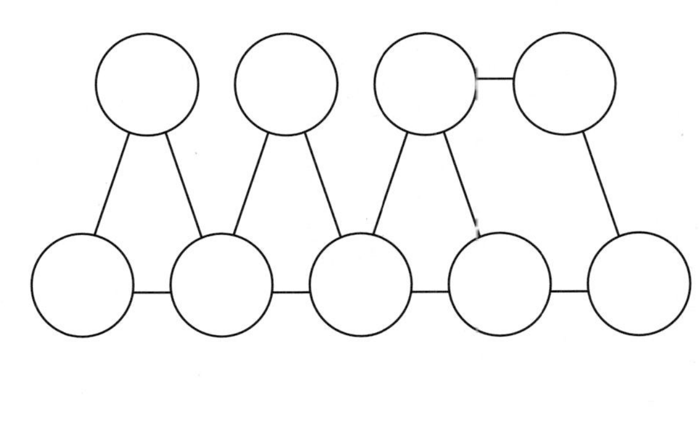

54

Schreibe die Zahlen 1 bis 9.
In den beiden Quadraten und in den drei Dreiecken soll die Summe der Zahlen gleich sein.

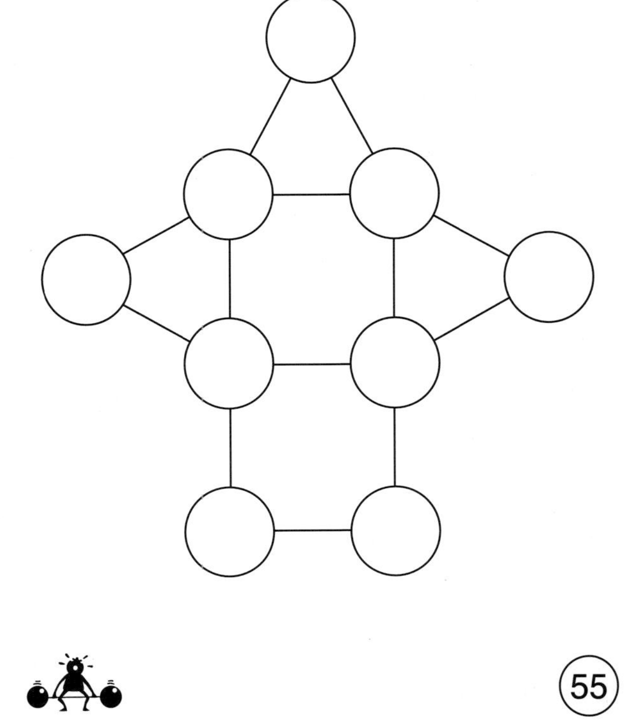

55

Schreibe die Zahlen 1 bis 9.
Im Fünfeck und in den drei Dreiecken soll die Summe der Zahlen gleich sein.

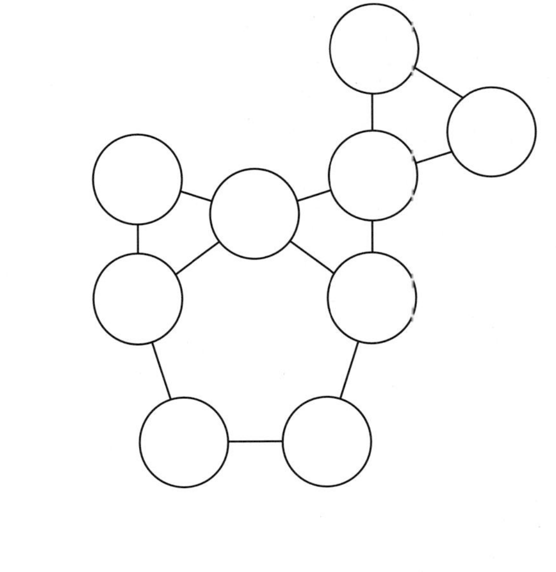

56

© Persen Verlag

Zahlenspiel mit Figuren

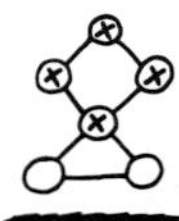

Schreibe die Zahlen 1 bis 9.
Im Fünfeck, im Quadrat und in beiden Dreiecken soll die Summe der Zahlen gleich sein.

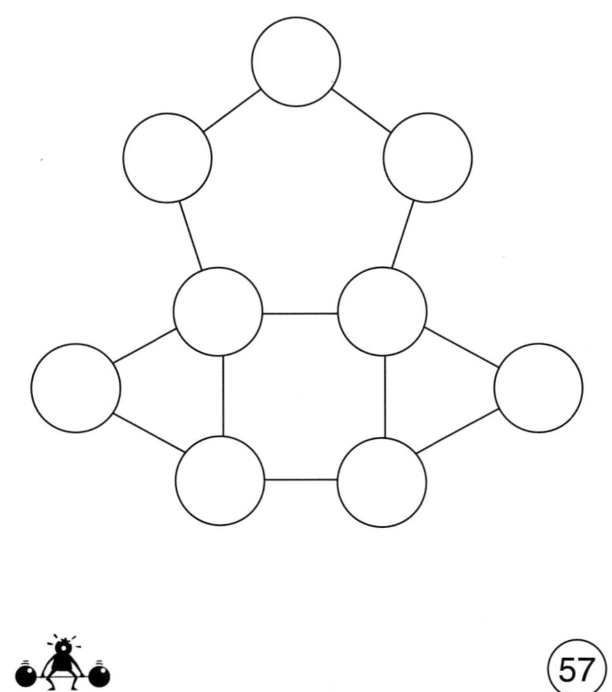

57

Schreibe die Zahlen 1 bis 8.
In den drei Quadraten und im Dreieck soll die Summe der Zahlen gleich sein.

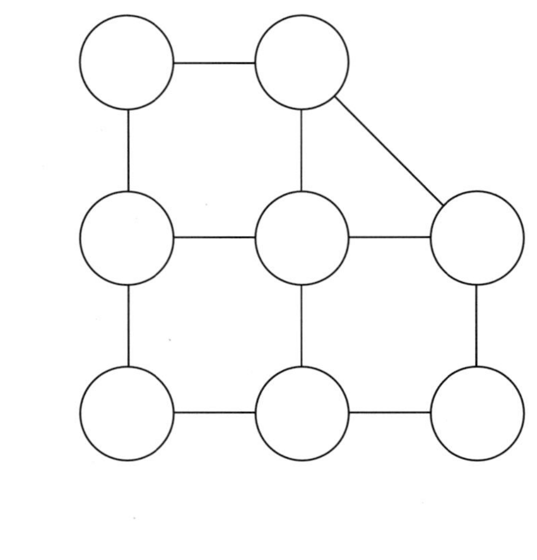

58

Schreibe die Zahlen 1 bis 9.
Im Fünfeck und in drei Dreiecken soll die Summe der Zahlen gleich sein.

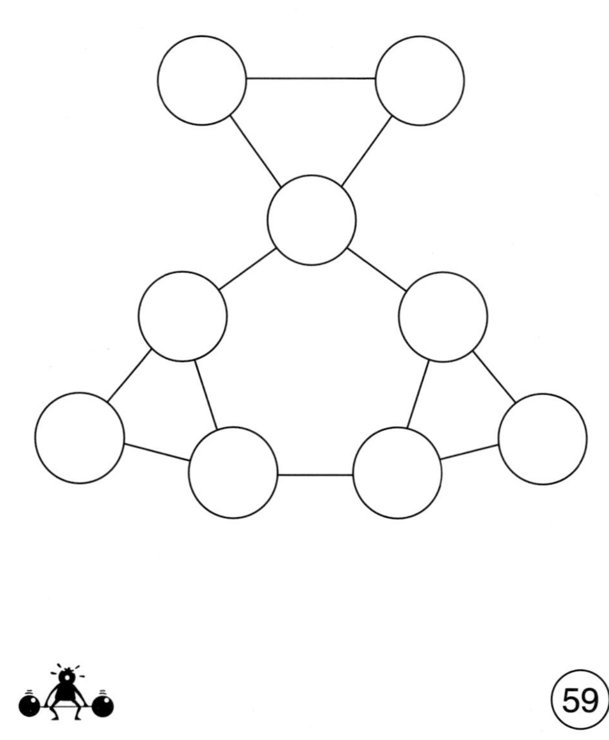

59

Schreibe die Zahlen 1 bis 9.
Im Fünfeck, im Quadrat und in beiden Dreiecken soll die Summe der Zahlen gleich sein.

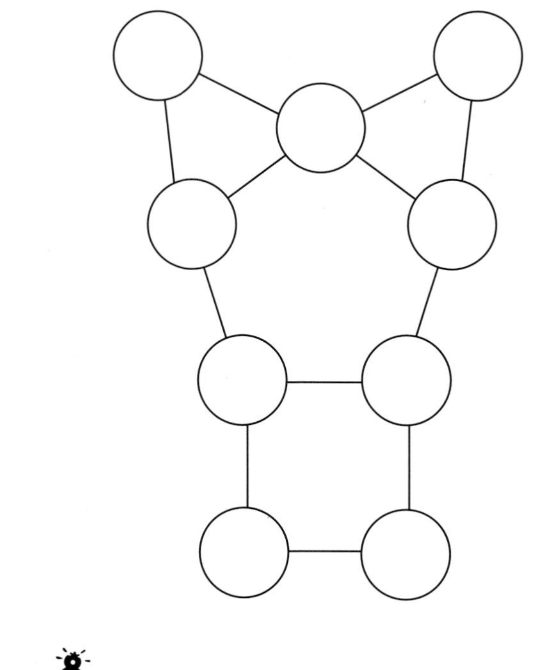

60

K.-H. Spröd: Knobelaufgaben im Zahlenraum bis 20
© Persen Verlag

Zahlenspiel mit Figuren

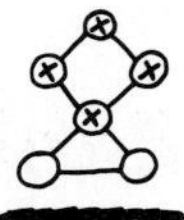

Schreibe die Zahlen 1 bis 9.
In den drei Quadraten und im Dreieck soll die Summe der Zahlen gleich sein.

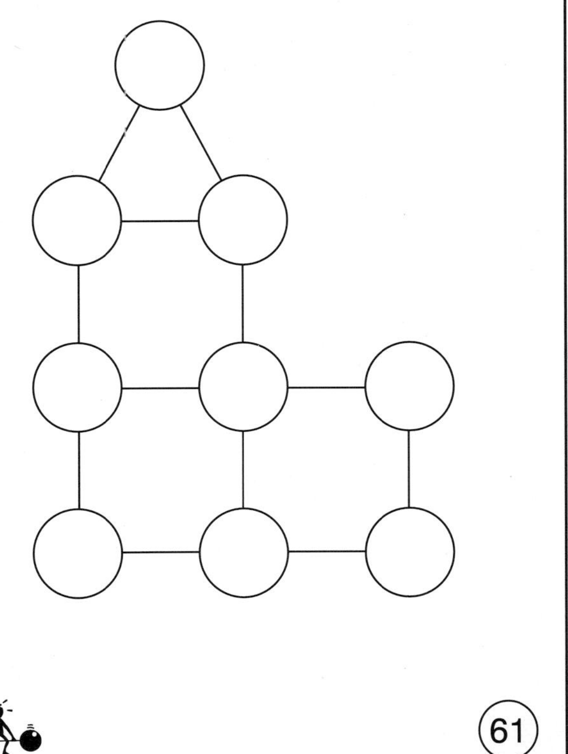

61

Schreibe die Zahlen 1 bis 9.
In beiden Vierecken und in beiden Dreiecken soll die Summe der Zahlen gleich sein.

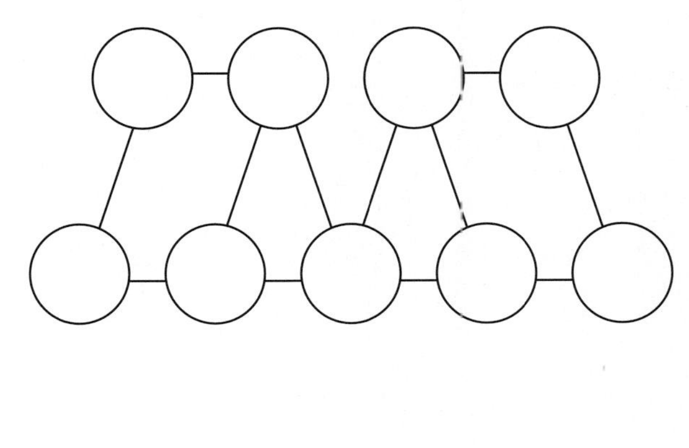

62

Schreibe die Zahlen 1 bis 9.
Im Fünfeck, im Quadrat und in beiden Dreiecken soll die Summe der Zahlen gleich sein.

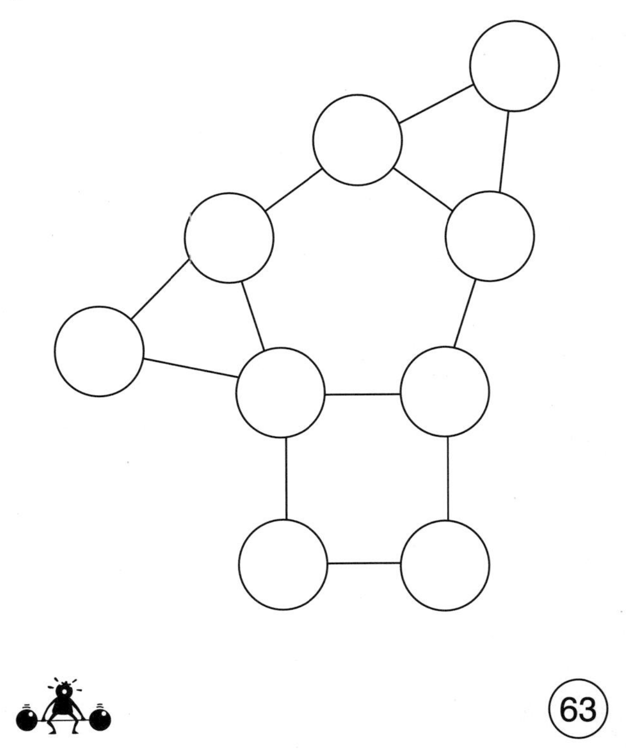

63

Schreibe die Zahlen 1 bis 9.
In beiden Quadraten und in den drei Dreiecken soll die Summe der Zahlen gleich sein.

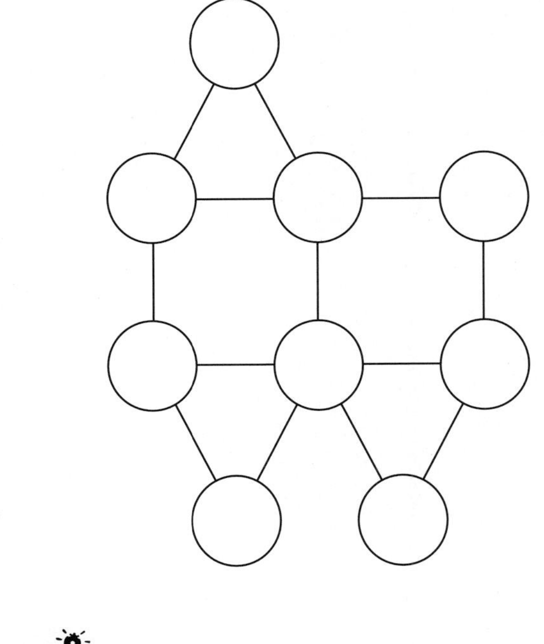

64

© Persen Verlag

Zahlenspiel mit Figuren

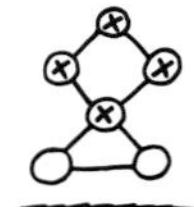

Schreibe die Zahlen 1 bis 9.
In den drei Quadraten und im Dreieck soll die Summe der Zahlen gleich sein.

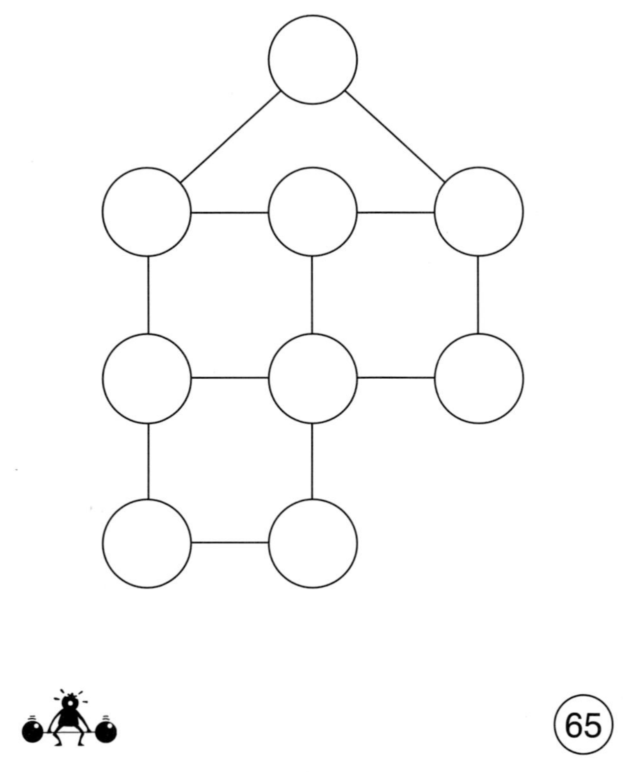

65

Schreibe die Zahlen 1 bis 9.
In beiden Quadraten und in beiden Dreiecken soll die Summe der Zahlen gleich sein.

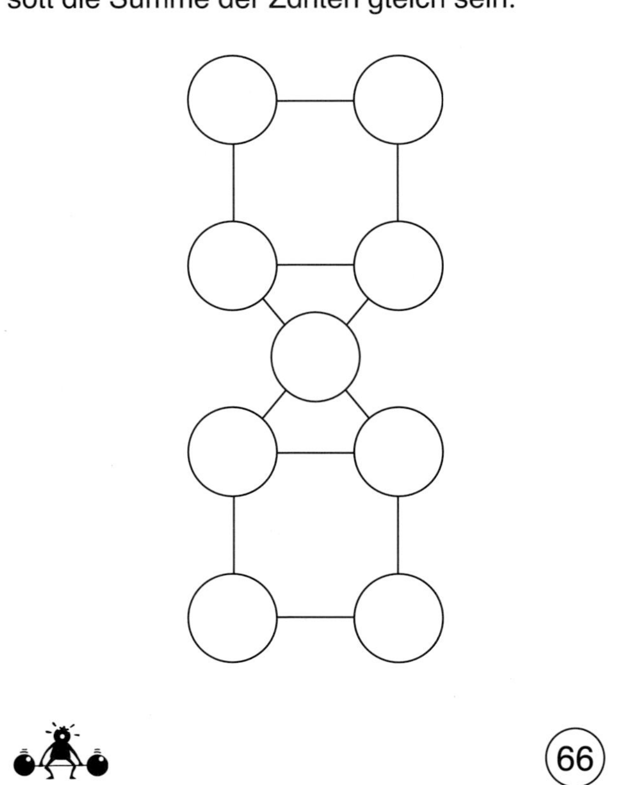

66

Schreibe die Zahlen 1 bis 8.
In beiden Quadraten und in beiden Dreiecken soll die Summe der Zahlen gleich sein.

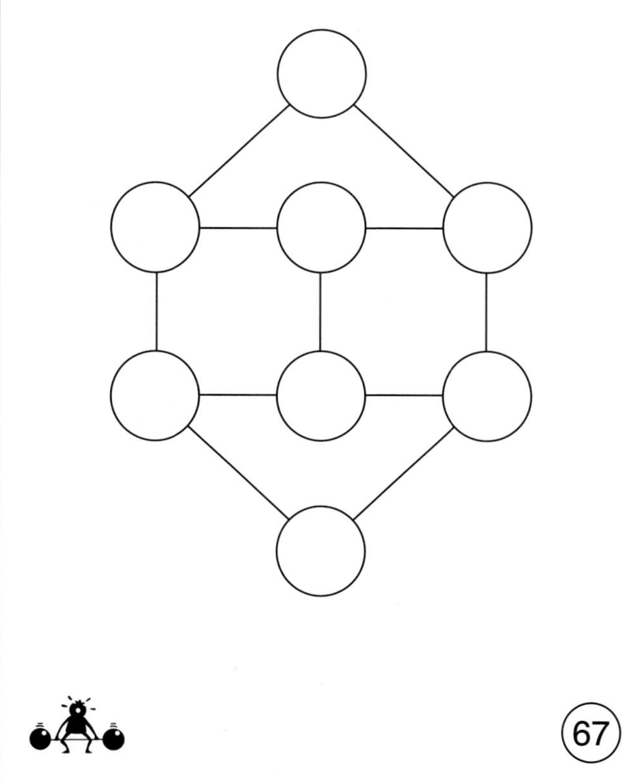

67

Schreibe die Zahlen 1 bis 9.
Im Quadrat und in den drei Dreiecken soll die Summe der Zahlen gleich sein.

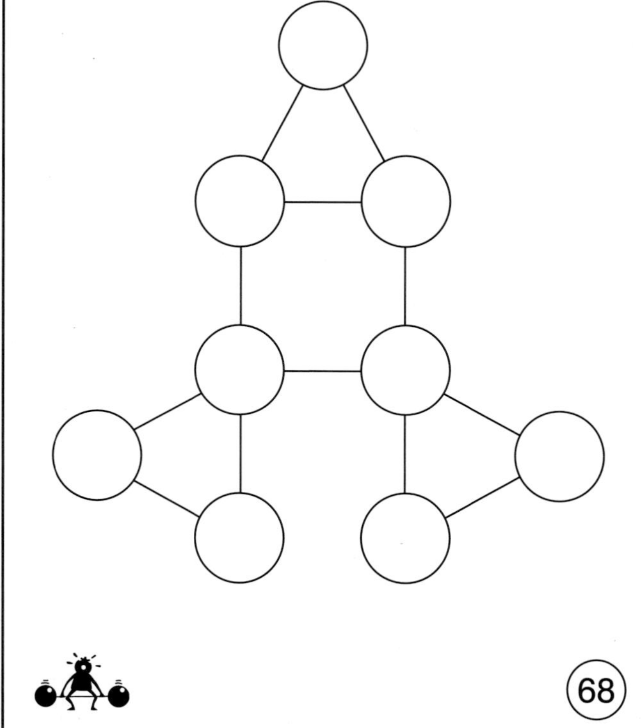

68

© Persen Verlag

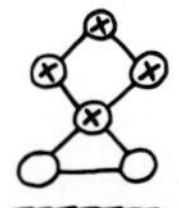

Schreibe die Zahlen 1 bis 9.
In beiden Quadraten, im Rechteck und im Dreieck soll die Summe der Zahlen gleich sein.

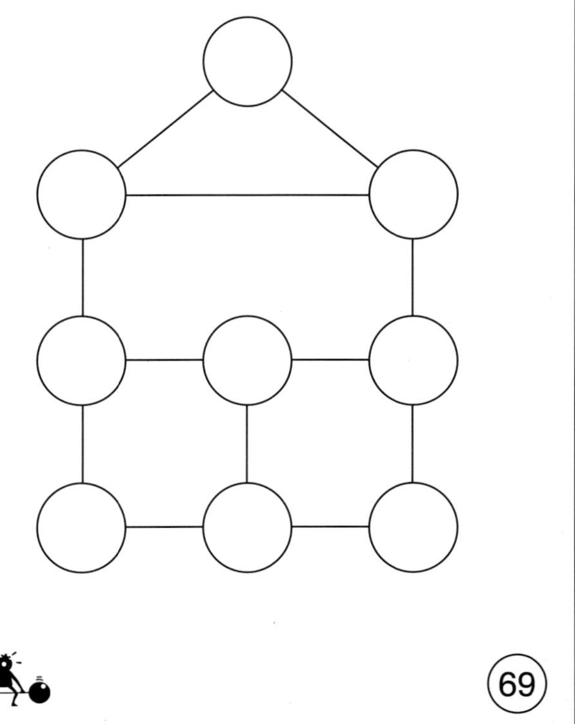

69

Schreibe die Zahlen 1 bis 9.
Im Rechteck, im Trapez, im Quadrat und im Dreieck soll die Summe der Zahlen gleich sein.

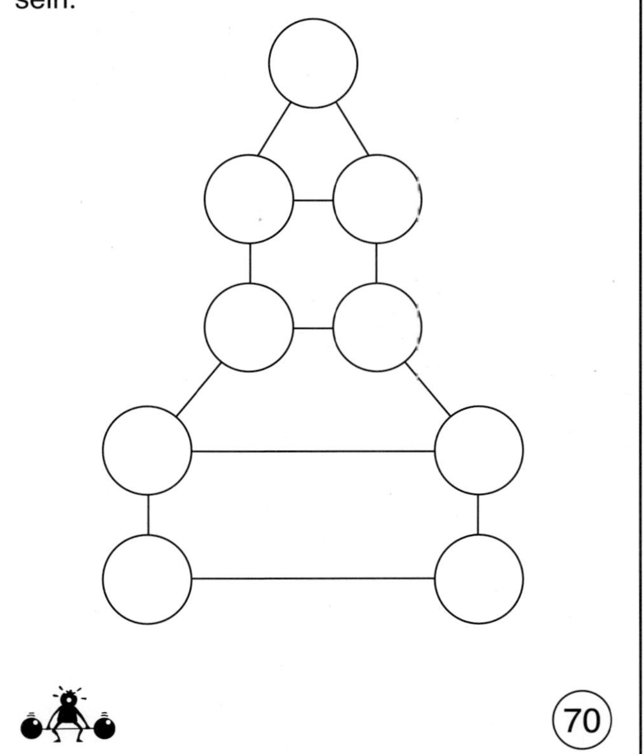

70

Schreibe die Zahlen 1 bis 8.
In beiden Quadraten und in den vier Trapezen soll die Summe der Zahlen gleich sein.

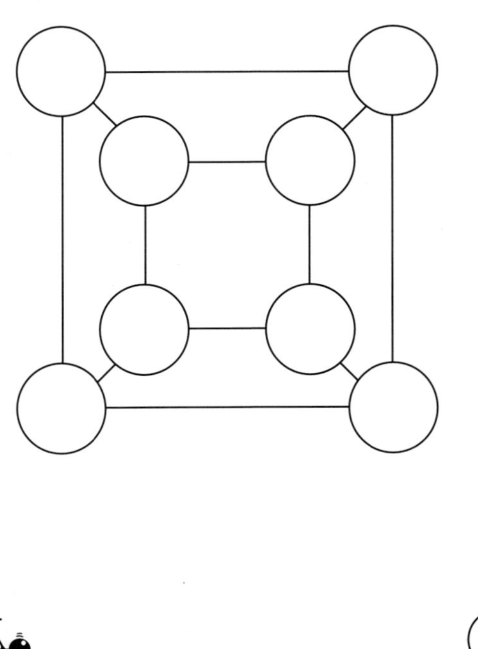

71

© Persen Verlag

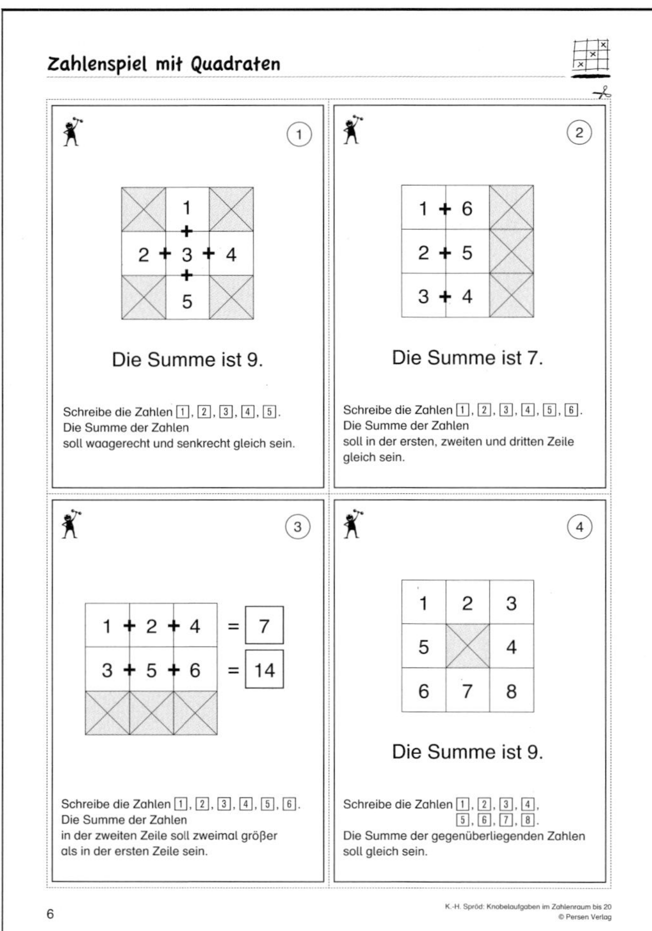

Zahlenspiel mit Quadraten

(1)

	1	
	+	
2 +	3 +	4
	+	
	5	

Die Summe ist 9.

Schreibe die Zahlen 1, 2, 3, 4, 5.
Die Summe der Zahlen
soll waagerecht und senkrecht gleich sein.

(2)

1 +	6	
2 +	5	
3 +	4	

Die Summe ist 7.

Schreibe die Zahlen 1, 2, 3, 4, 5, 6.
Die Summe der Zahlen
soll in der ersten, zweiten und dritten Zeile gleich sein.

(3)

1 +	2 +	4	=	7
3 +	5 +	6	=	14

Schreibe die Zahlen 1, 2, 3, 4, 5, 6.
Die Summe der Zahlen
in der zweiten Zeile soll zweimal größer
als in der ersten Zeile sein.

(4)

1	2	3
5		4
6	7	8

Die Summe ist 9.

Schreibe die Zahlen 1, 2, 3, 4,
5, 6, 7, 8.
Die Summe der gegenüberliegenden Zahlen
soll gleich sein.

6

K.-H. Spröd: Knobelaufgaben im Zahlenraum bis 20
© Persen Verlag

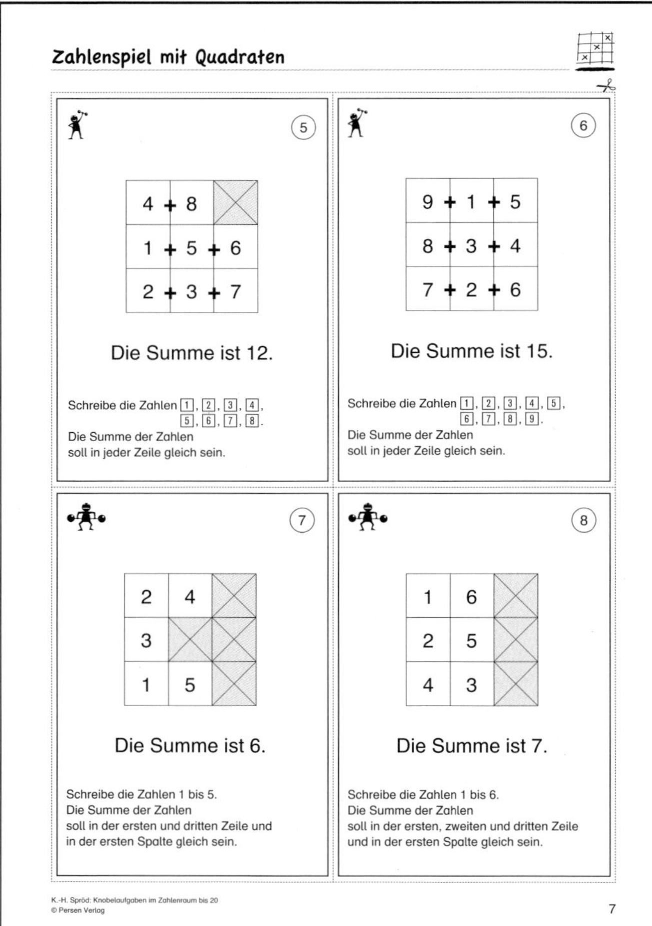

Zahlenspiel mit Quadraten

(5)

4 +	8	
1 +	5 +	6
2 +	3 +	7

Die Summe ist 12.

Schreibe die Zahlen 1, 2, 3, 4,
5, 6, 7, 8.
Die Summe der Zahlen
soll in jeder Zeile gleich sein.

(6)

9 +	1 +	5
8 +	3 +	4
7 +	2 +	6

Die Summe ist 15.

Schreibe die Zahlen 1, 2, 3, 4, 5,
6, 7, 8, 9.
Die Summe der Zahlen
soll in jeder Zeile gleich sein.

(7)

2	4	
3		
1	5	

Die Summe ist 6.

Schreibe die Zahlen 1 bis 5.
Die Summe der Zahlen
soll in der ersten und dritten Zeile und
in der ersten Spalte gleich sein.

(8)

1	6	
2	5	
4	3	

Die Summe ist 7.

Schreibe die Zahlen 1 bis 6.
Die Summe der Zahlen
soll in der ersten, zweiten und dritten Zeile
und in der ersten Spalte gleich sein.

K.-H. Spröd: Knobelaufgaben im Zahlenraum bis 20
© Persen Verlag

7

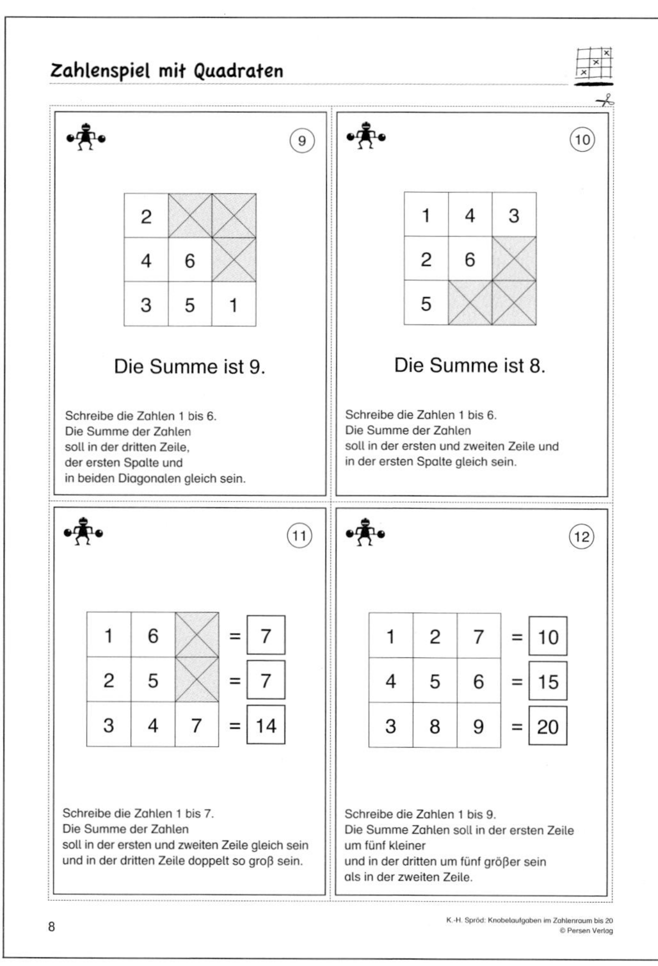

Zahlenspiel mit Quadraten

(9)

2		
4	6	
3	5	1

Die Summe ist 9.

Schreibe die Zahlen 1 bis 6.
Die Summe der Zahlen
soll in der dritten Zeile,
der ersten Spalte und
in beiden Diagonalen gleich sein.

(10)

1	4	3
2	6	
5		

Die Summe ist 8.

Schreibe die Zahlen 1 bis 6.
Die Summe der Zahlen
soll in der ersten und zweiten Zeile und
in der ersten Spalte gleich sein.

(11)

1	6		=	7
2	5		=	7
3	4	7	=	14

Schreibe die Zahlen 1 bis 7.
Die Summe der Zahlen
soll in der ersten und zweiten Zeile gleich sein
und in der dritten Zeile doppelt so groß sein.

(12)

1	2	7	=	10
4	5	6	=	15
3	8	9	=	20

Schreibe die Zahlen 1 bis 9.
Die Summe Zahlen soll in der ersten Zeile
um fünf kleiner
und in der dritten um fünf größer sein
als in der zweiten Zeile.

8

K.-H. Spröd: Knobelaufgaben im Zahlenraum bis 20
© Persen Verlag

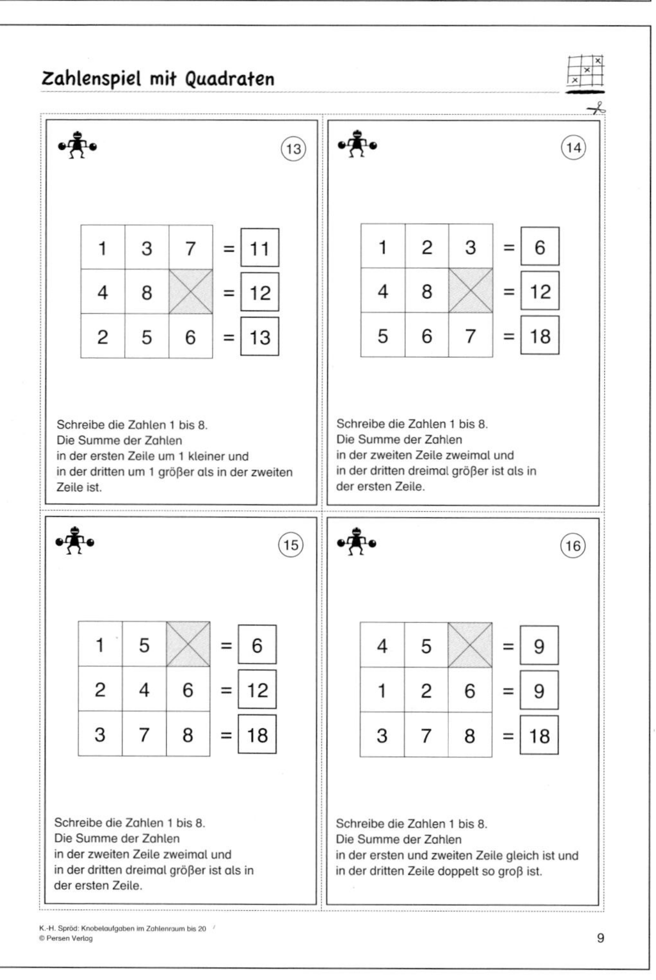

Zahlenspiel mit Quadraten

(13)

1	3	7	=	11
4	8		=	12
2	5	6	=	13

Schreibe die Zahlen 1 bis 8.
Die Summe der Zahlen
in der ersten Zeile um 1 kleiner und
in der dritten um 1 größer als in der zweiten
Zeile ist.

(14)

1	2	3	=	6
4	8		=	12
5	6	7	=	18

Schreibe die Zahlen 1 bis 8.
Die Summe der Zahlen
in der zweiten Zeile zweimal und
in der dritten dreimal größer ist als in
der ersten Zeile.

(15)

1	5		=	6
2	4	6	=	12
3	7	8	=	18

Schreibe die Zahlen 1 bis 8.
Die Summe der Zahlen
in der zweiten Zeile zweimal und
in der dritten dreimal größer ist als in
der ersten Zeile.

(16)

4	5		=	9
1	2	6	=	9
3	7	8	=	18

Schreibe die Zahlen 1 bis 8.
Die Summe der Zahlen
in der ersten und zweiten Zeile gleich ist und
in der dritten Zeile doppelt so groß ist.

K.-H. Spröd: Knobelaufgaben im Zahlenraum bis 20
© Persen Verlag

9

Lösungen

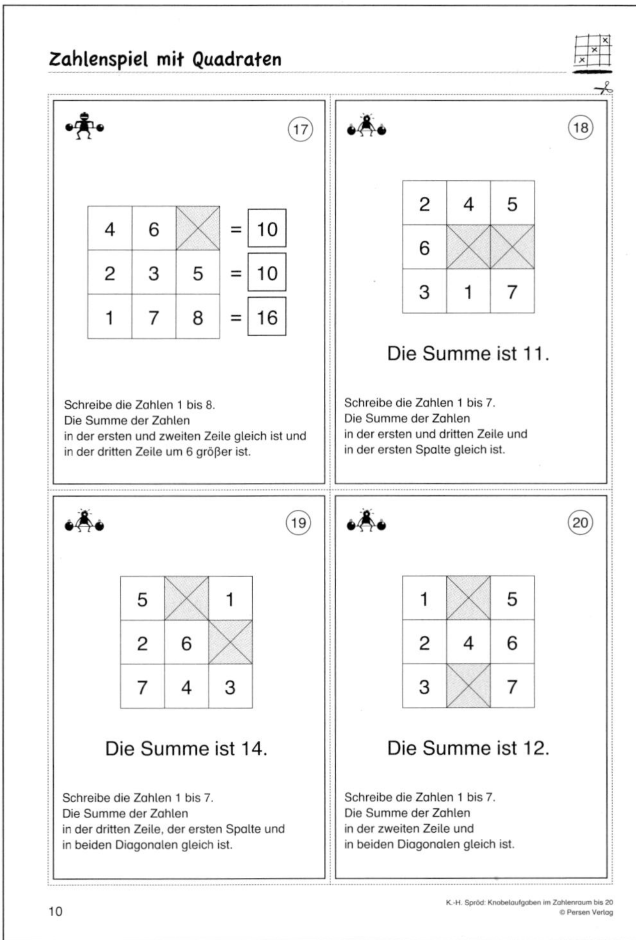

Zahlenspiel mit Quadraten

17

4	6	X	=	10
2	3	5	=	10
1	7	8	=	16

Schreibe die Zahlen 1 bis 8.
Die Summe der Zahlen
in der ersten und zweiten Zeile gleich ist und
in der dritten Zeile um 6 größer ist.

18

2	4	5
6	X	X
3	1	7

Die Summe ist 11.

Schreibe die Zahlen 1 bis 7.
Die Summe der Zahlen
in der ersten, zweiten und dritten Zeile und
in der ersten Spalte gleich ist.

19

5	X	1
2	6	X
7	4	3

Die Summe ist 14.

Schreibe die Zahlen 1 bis 7.
Die Summe der Zahlen
in der dritten Zeile, der ersten Spalte und
in beiden Diagonalen gleich ist.

20

1	X	5
2	4	6
3	X	7

Die Summe ist 12.

Schreibe die Zahlen 1 bis 7.
Die Summe der Zahlen
in der zweiten Zeile und
in beiden Diagonalen gleich ist.

10

K.-H. Spröd: Knobelaufgaben im Zahlenraum bis 20
© Persen Verlag

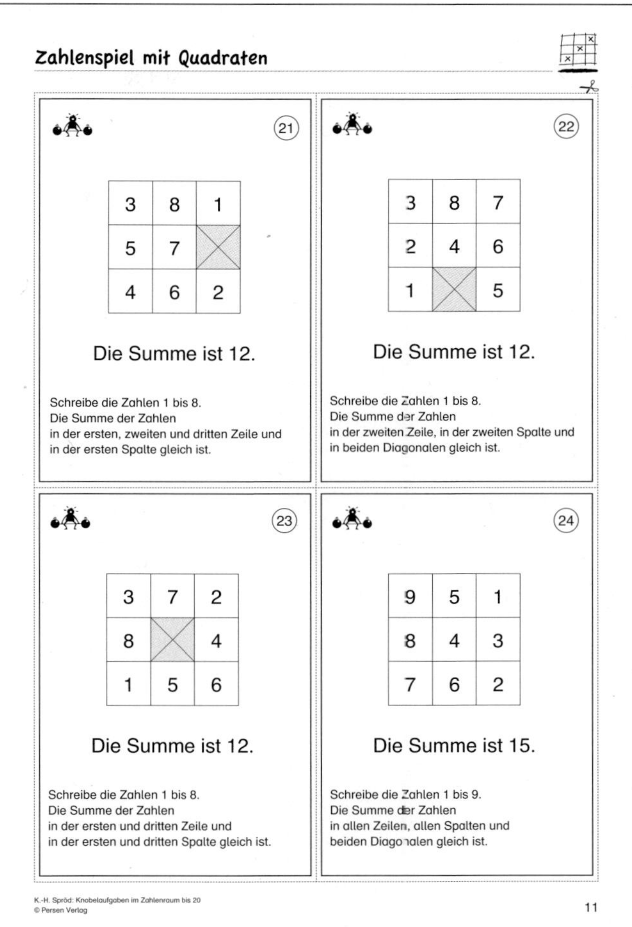

Zahlenspiel mit Quadraten

21

3	8	1
5	7	X
4	6	2

Die Summe ist 12.

Schreibe die Zahlen 1 bis 8.
Die Summe der Zahlen
in der ersten, zweiten und dritten Zeile und
in der ersten Spalte gleich ist.

22

3	8	7
2	4	6
1	X	5

Die Summe ist 12.

Schreibe die Zahlen 1 bis 8.
Die Summe der Zahlen
in der zweiten Zeile, in der zweiten Spalte und
in beiden Diagonalen gleich ist.

23

3	7	2
8	X	4
1	5	6

Die Summe ist 12.

Schreibe die Zahlen 1 bis 8.
Die Summe der Zahlen
in der ersten und dritten Zeile und
in der ersten und dritten Spalte gleich ist.

24

9	5	1
8	4	3
7	6	2

Die Summe ist 15.

Schreibe die Zahlen 1 bis 9.
Die Summe der Zahlen
in allen Zeilen, allen Spalten und
beiden Diagonalen gleich ist.

K.-H. Spröd: Knobelaufgaben im Zahlenraum bis 20
© Persen Verlag

11

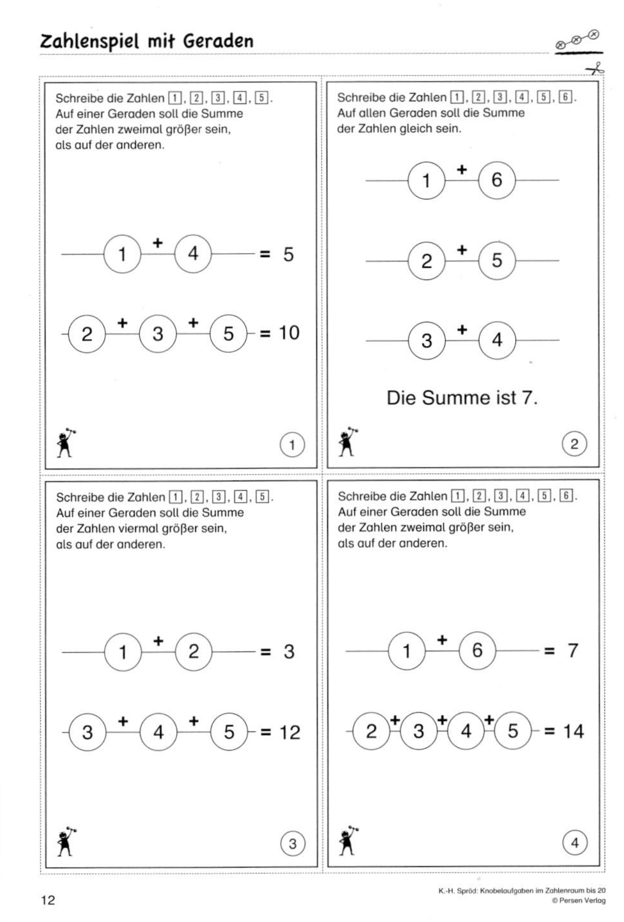

Zahlenspiel mit Geraden

1

Schreibe die Zahlen 1, 2, 3, 4, 5.
Auf einer Geraden soll die Summe
der Zahlen zweimal größer sein,
als auf der anderen.

1 + 4 = 5
2 + 3 + 5 = 10

2

Schreibe die Zahlen 1, 2, 3, 4, 5, 6.
Auf allen Geraden soll die Summe
der Zahlen gleich sein.

1 + 6
2 + 5
3 + 4

Die Summe ist 7.

3

Schreibe die Zahlen 1, 2, 3, 4, 5.
Auf einer Geraden soll die Summe
der Zahlen viermal größer sein,
als auf der anderen.

1 + 2 = 3
3 + 4 + 5 = 12

4

Schreibe die Zahlen 1, 2, 3, 4, 5, 6.
Auf einer Geraden soll die Summe
der Zahlen zweimal größer sein,
als auf der anderen.

1 + 6 = 7
2 + 3 + 4 + 5 = 14

12

K.-H. Spröd: Knobelaufgaben im Zahlenraum bis 20
© Persen Verlag

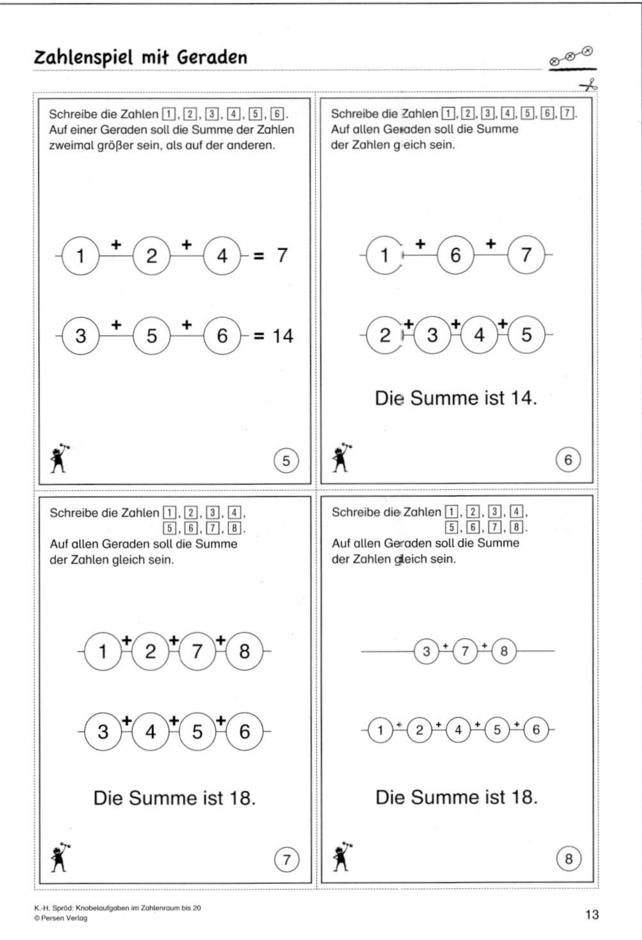

Zahlenspiel mit Geraden

5

Schreibe die Zahlen 1, 2, 3, 4, 5, 6.
Auf einer Geraden soll die Summe der Zahlen
zweimal größer sein, als auf der anderen.

1 + 2 + 4 = 7
3 + 5 + 6 = 14

6

Schreibe die Zahlen 1, 2, 3, 4, 5, 6, 7.
Auf allen Geraden soll die Summe
der Zahlen gleich sein.

1 + 6 + 7
2 + 3 + 4 + 5

Die Summe ist 14.

7

Schreibe die Zahlen 1, 2, 3, 4,
5, 6, 7, 8.
Auf allen Geraden soll die Summe
der Zahlen gleich sein.

1 + 2 + 7 + 8
3 + 4 + 5 + 6

Die Summe ist 18.

8

Schreibe die Zahlen 1, 2, 3, 4,
5, 6, 7, 8.
Auf allen Geraden soll die Summe
der Zahlen gleich sein.

3 + 7 + 8
1 + 2 + 4 + 5 + 6

Die Summe ist 18.

K.-H. Spröd: Knobelaufgaben im Zahlenraum bis 20
© Persen Verlag

13

Lösungen

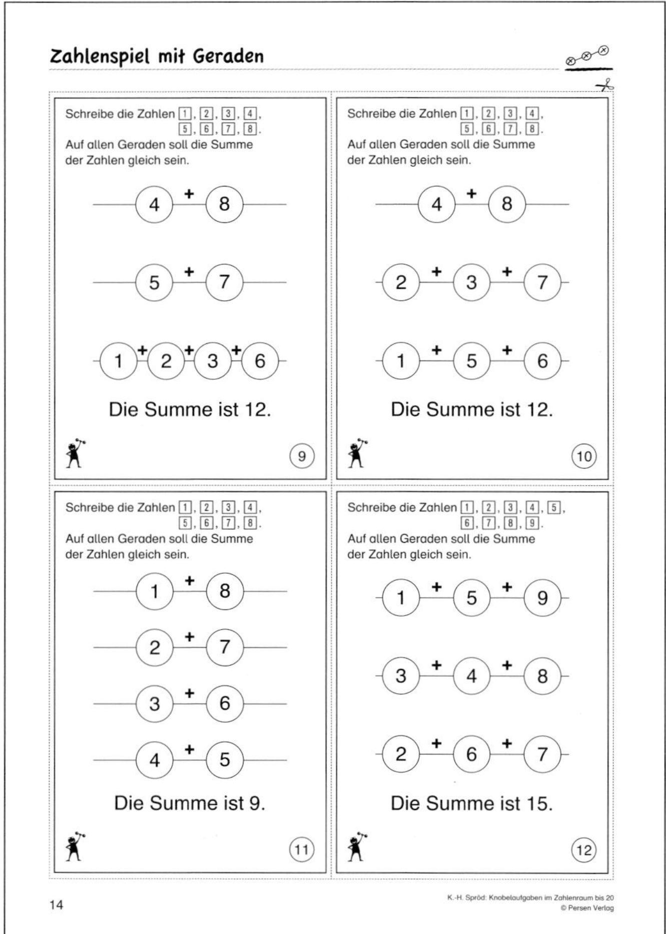

Zahlenspiel mit Geraden

Schreibe die Zahlen 1, 2, 3, 4, 5, 6, 7, 8.
Auf allen Geraden soll die Summe der Zahlen gleich sein.

4 + 8
5 + 7
1 + 2 + 3 + 6

Die Summe ist 12.

(9)

Schreibe die Zahlen 1, 2, 3, 4, 5, 6, 7, 8.
Auf allen Geraden soll die Summe der Zahlen gleich sein.

4 + 8
2 + 3 + 7
1 + 5 + 6

Die Summe ist 12.

(10)

Schreibe die Zahlen 1, 2, 3, 4, 5, 6, 7, 8.
Auf allen Geraden soll die Summe der Zahlen gleich sein.

1 + 8
2 + 7
3 + 6
4 + 5

Die Summe ist 9.

(11)

Schreibe die Zahlen 1, 2, 3, 4, 5, 6, 7, 8, 9.
Auf allen Geraden soll die Summe der Zahlen gleich sein.

1 + 5 + 9
3 + 4 + 8
2 + 6 + 7

Die Summe ist 15.

(12)

14

K.-H. Spröd: Knobelaufgaben im Zahlenraum bis 20
© Persen Verlag

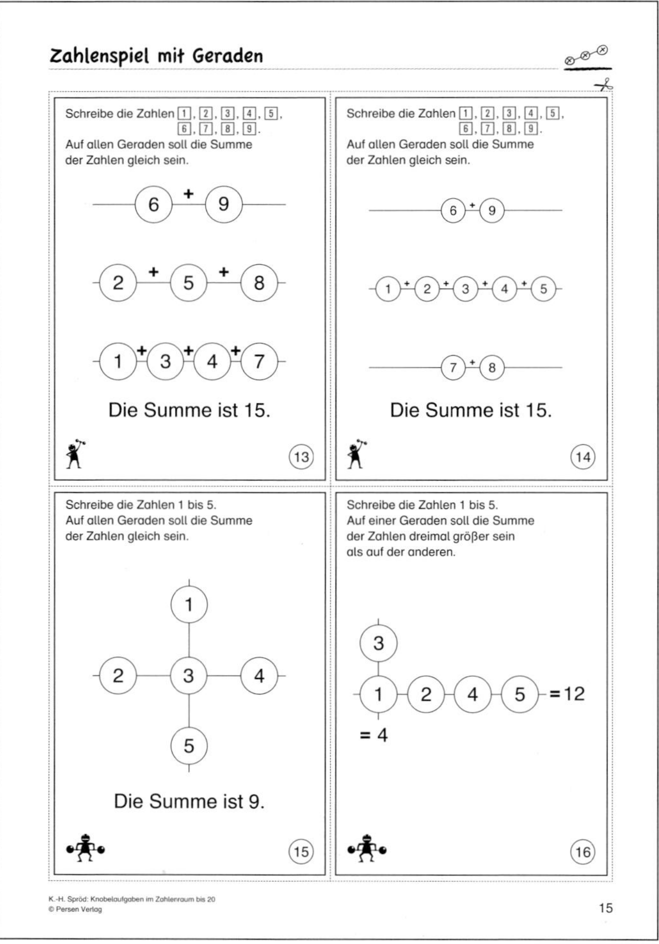

Zahlenspiel mit Geraden

Schreibe die Zahlen 1, 2, 3, 4, 5, 6, 7, 8, 9.
Auf allen Geraden soll die Summe der Zahlen gleich sein.

6 + 9
2 + 5 + 8
1 + 3 + 4 + 7

Die Summe ist 15.

(13)

Schreibe die Zahlen 1, 2, 3, 4, 5, 6, 7, 8, 9.
Auf allen Geraden soll die Summe der Zahlen gleich sein.

6 + 9
1 + 2 + 3 + 4 + 5
7 + 8

Die Summe ist 15.

(14)

Schreibe die Zahlen 1 bis 5.
Auf allen Geraden soll die Summe der Zahlen gleich sein.

1, 3, 5 / 2, 3, 4

Die Summe ist 9.

(15)

Schreibe die Zahlen 1 bis 5.
Auf einer Geraden soll die Summe der Zahlen dreimal größer sein als auf der anderen.

3, 1 = 4
1, 2, 4, 5 = 12

(16)

K.-H. Spröd: Knobelaufgaben im Zahlenraum bis 20
© Persen Verlag

15

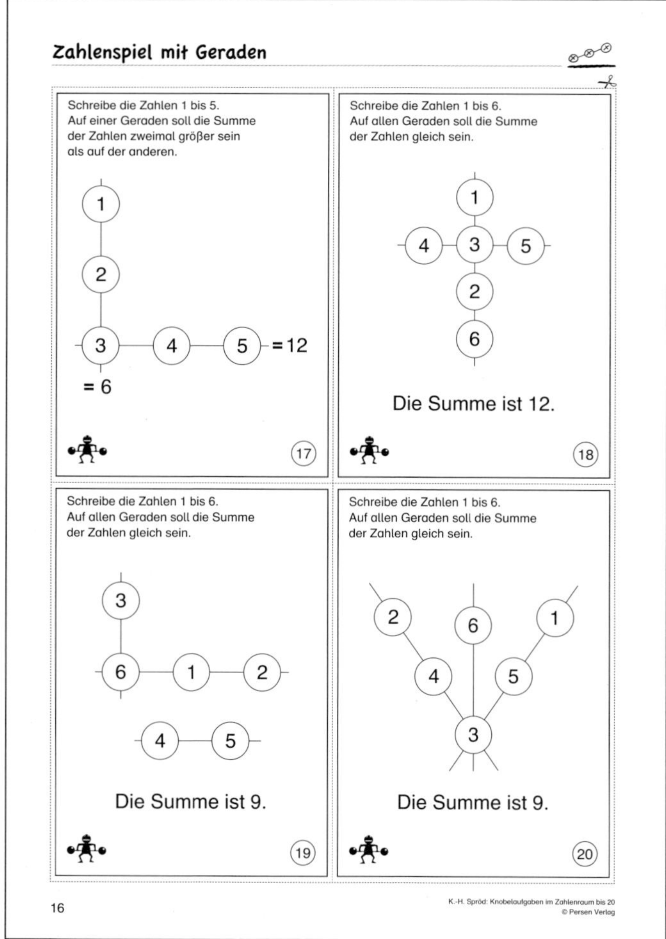

Zahlenspiel mit Geraden

Schreibe die Zahlen 1 bis 5.
Auf einer Geraden soll die Summe der Zahlen zweimal größer sein als auf der anderen.

1, 2, 3 = 6
3, 4, 5 = 12

(17)

Schreibe die Zahlen 1 bis 6.
Auf allen Geraden soll die Summe der Zahlen gleich sein.

1, 3, 2, 6 / 4, 3, 5

Die Summe ist 12.

(18)

Schreibe die Zahlen 1 bis 6.
Auf allen Geraden soll die Summe der Zahlen gleich sein.

3, 6 / 6, 1, 2 / 4, 5

Die Summe ist 9.

(19)

Schreibe die Zahlen 1 bis 6.
Auf allen Geraden soll die Summe der Zahlen gleich sein.

2, 4, 3 / 6, 3 / 1, 5, 3

Die Summe ist 9.

(20)

16

K.-H. Spröd: Knobelaufgaben im Zahlenraum bis 20
© Persen Verlag

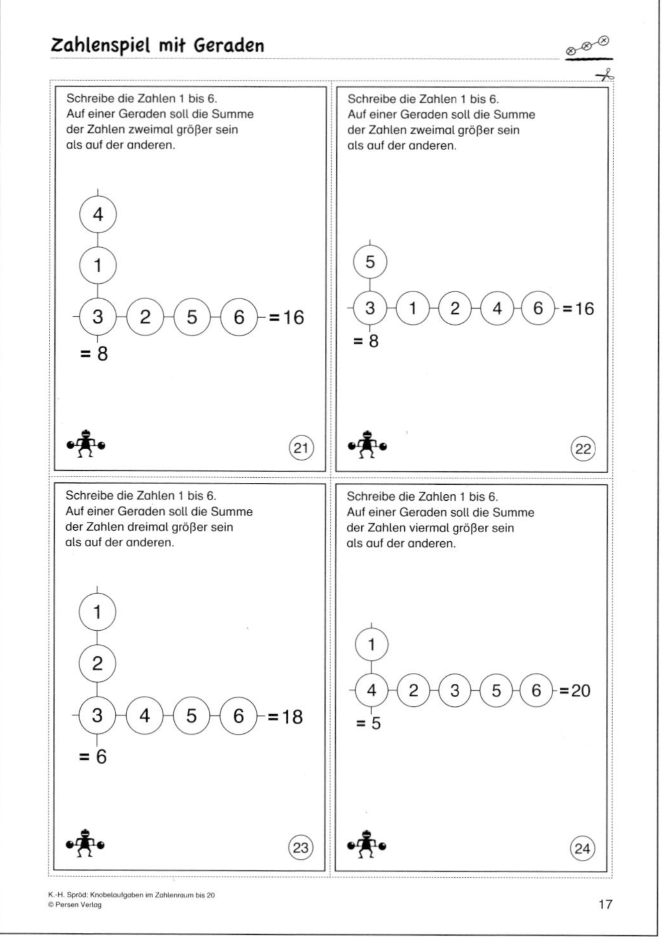

Zahlenspiel mit Geraden

Schreibe die Zahlen 1 bis 6.
Auf einer Geraden soll die Summe der Zahlen zweimal größer sein als auf der anderen.

4, 1, 3 = 8
3, 2, 5, 6 = 16

(21)

Schreibe die Zahlen 1 bis 6.
Auf einer Geraden soll die Summe der Zahlen zweimal größer sein als auf der anderen.

5, 3 = 8
3, 1, 2, 4, 6 = 16

(22)

Schreibe die Zahlen 1 bis 6.
Auf einer Geraden soll die Summe der Zahlen dreimal größer sein als auf der anderen.

1, 2, 3 = 6
3, 4, 5, 6 = 18

(23)

Schreibe die Zahlen 1 bis 6.
Auf einer Geraden soll die Summe der Zahlen viermal größer sein als auf der anderen.

1, 4 = 5
4, 2, 3, 5, 6 = 20

(24)

K.-H. Spröd: Knobelaufgaben im Zahlenraum bis 20
© Persen Verlag

17

© Persen Verlag

Lösungen

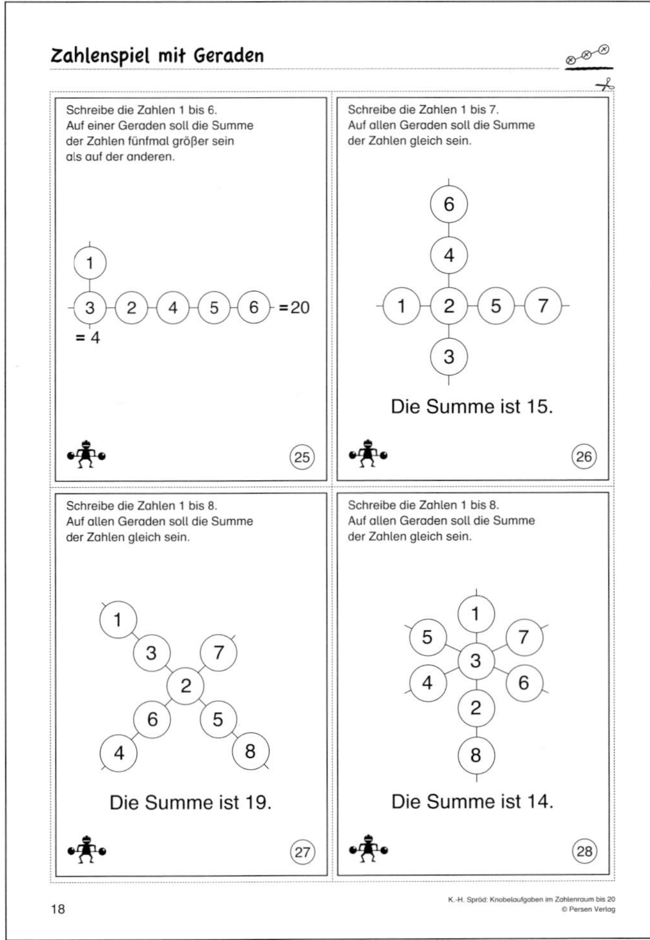

Zahlenspiel mit Geraden
Schreibe die Zahlen 1 bis 6. Auf einer Geraden soll die Summe der Zahlen fünfmal größer sein als auf der anderen.
=20
= 4
Schreibe die Zahlen 1 bis 7. Auf allen Geraden soll die Summe der Zahlen gleich sein.
Die Summe ist 15.
Schreibe die Zahlen 1 bis 8. Auf allen Geraden soll die Summe der Zahlen gleich sein.
Die Summe ist 19.
Schreibe die Zahlen 1 bis 8. Auf allen Geraden soll die Summe der Zahlen gleich sein.
Die Summe ist 14.
18
K.-H. Spröd: Knobelaufgaben im Zahlenraum bis 20 © Persen Verlag

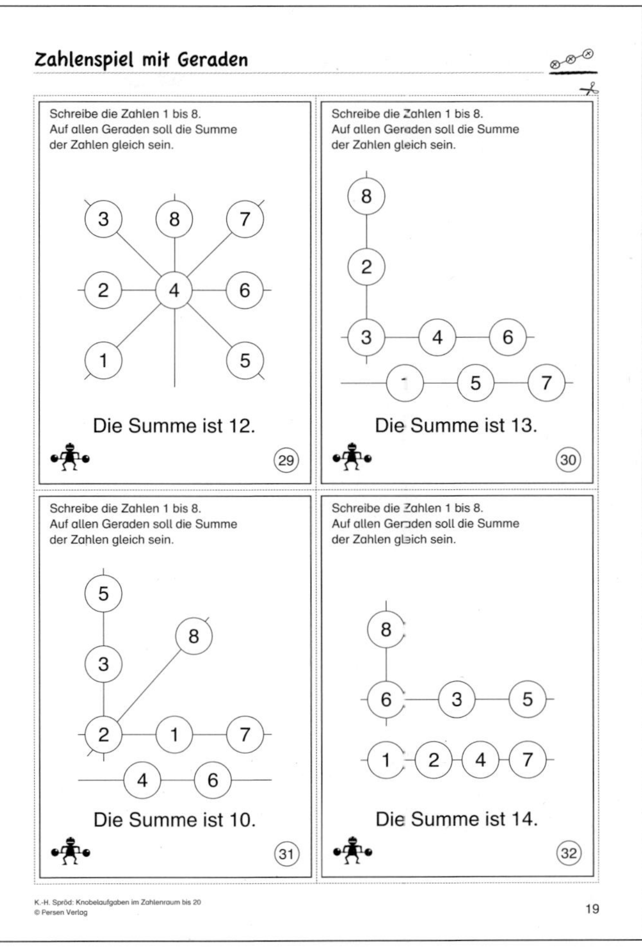

Zahlenspiel mit Geraden
Schreibe die Zahlen 1 bis 8. Auf allen Geraden soll die Summe der Zahlen gleich sein.
Die Summe ist 12.
Schreibe die Zahlen 1 bis 8. Auf allen Geraden soll die Summe der Zahlen gleich sein.
Die Summe ist 13.
Schreibe die Zahlen 1 bis 8. Auf allen Geraden soll die Summe der Zahlen gleich sein.
Die Summe ist 10.
Schreibe die Zahlen 1 bis 8. Auf allen Geraden soll die Summe der Zahlen gleich sein.
Die Summe ist 14.
19

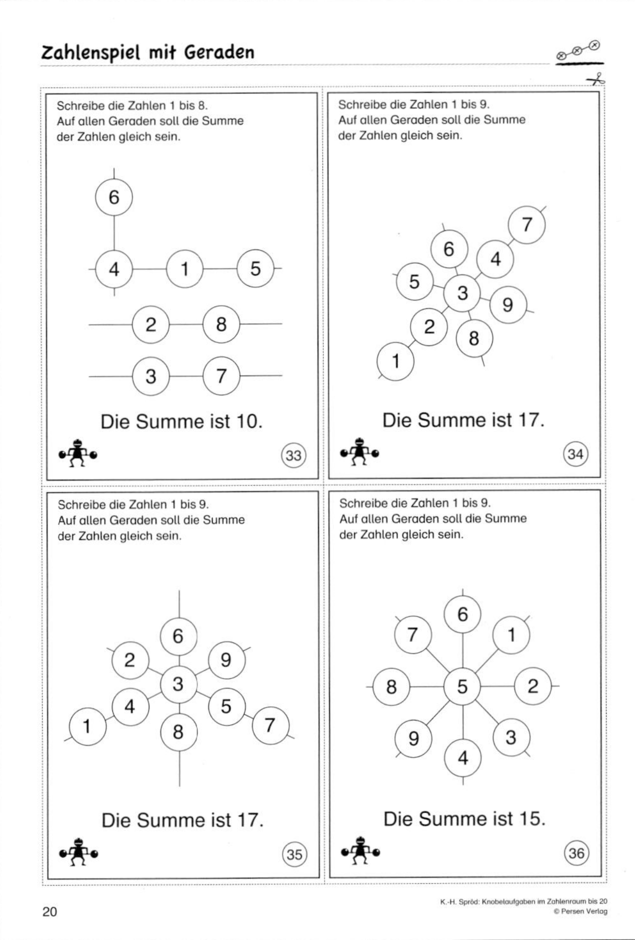

Zahlenspiel mit Geraden
Schreibe die Zahlen 1 bis 8. Auf allen Geraden soll die Summe der Zahlen gleich sein.
Die Summe ist 10.
Schreibe die Zahlen 1 bis 9. Auf allen Geraden soll die Summe der Zahlen gleich sein.
Die Summe ist 17.
Schreibe die Zahlen 1 bis 9. Auf allen Geraden soll die Summe der Zahlen gleich sein.
Die Summe ist 17.
Schreibe die Zahlen 1 bis 9. Auf allen Geraden soll die Summe der Zahlen gleich sein.
Die Summe ist 15.
20

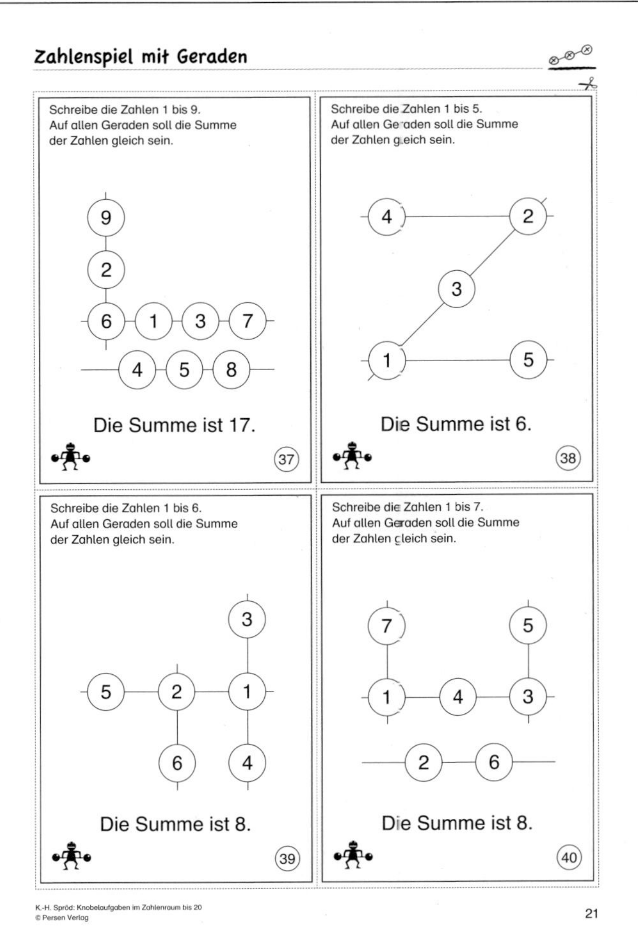

Zahlenspiel mit Geraden
Schreibe die Zahlen 1 bis 9. Auf allen Geraden soll die Summe der Zahlen gleich sein.
Die Summe ist 17.
Schreibe die Zahlen 1 bis 5. Auf allen Geraden soll die Summe der Zahlen gleich sein.
Die Summe ist 6.
Schreibe die Zahlen 1 bis 6. Auf allen Geraden soll die Summe der Zahlen gleich sein.
Die Summe ist 8.
Schreibe die Zahlen 1 bis 7. Auf allen Geraden soll die Summe der Zahlen gleich sein.
Die Summe ist 8.
21

Lösungen

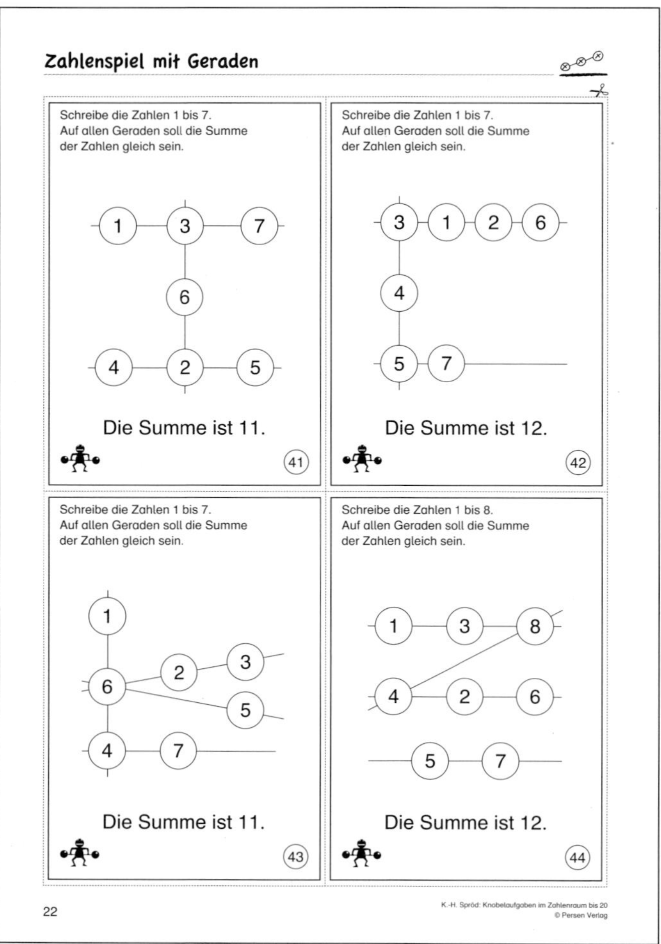

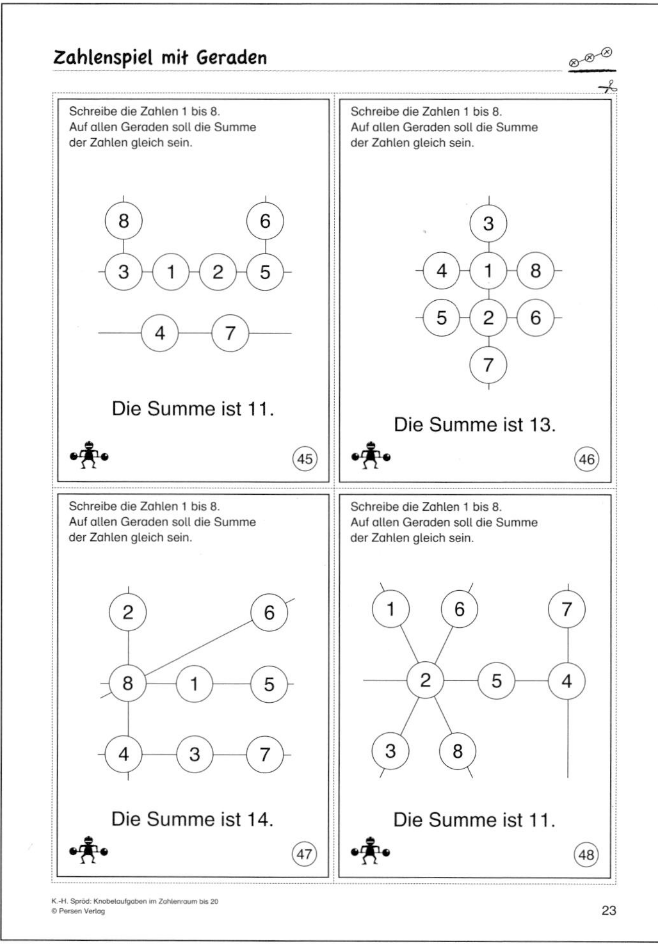

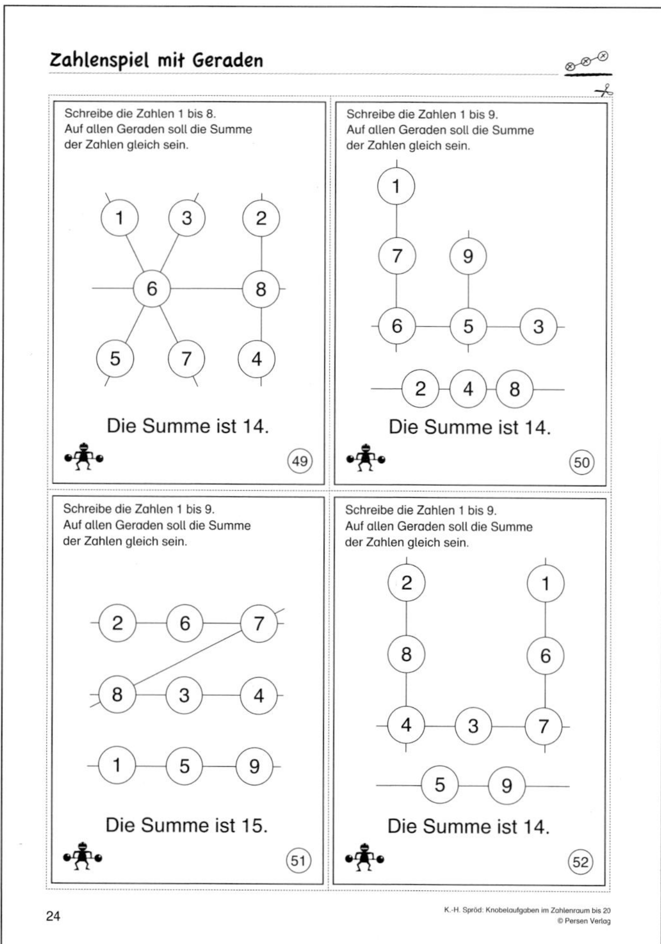

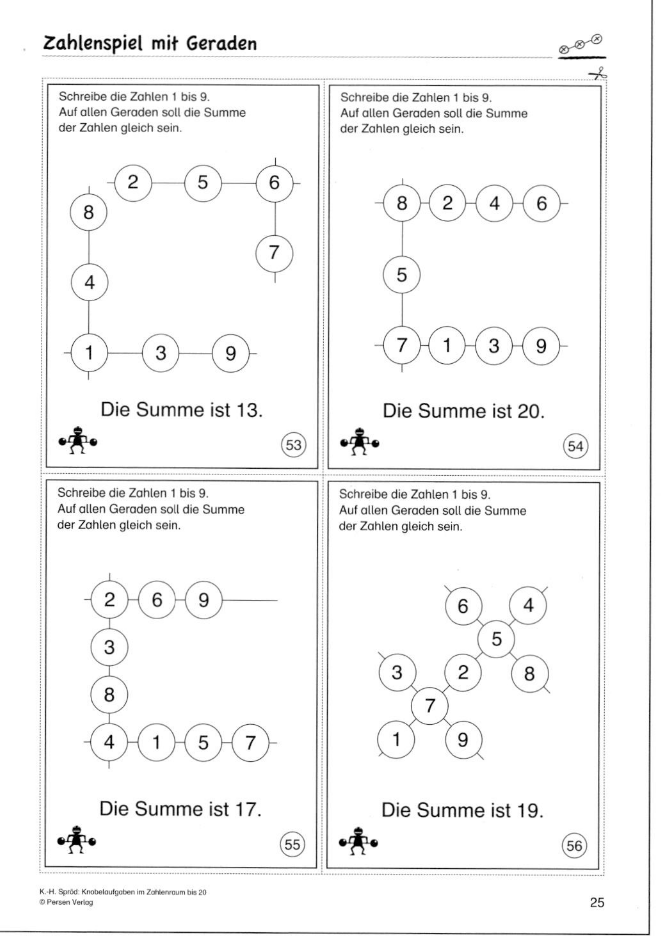

© Persen Verlag

Lösungen

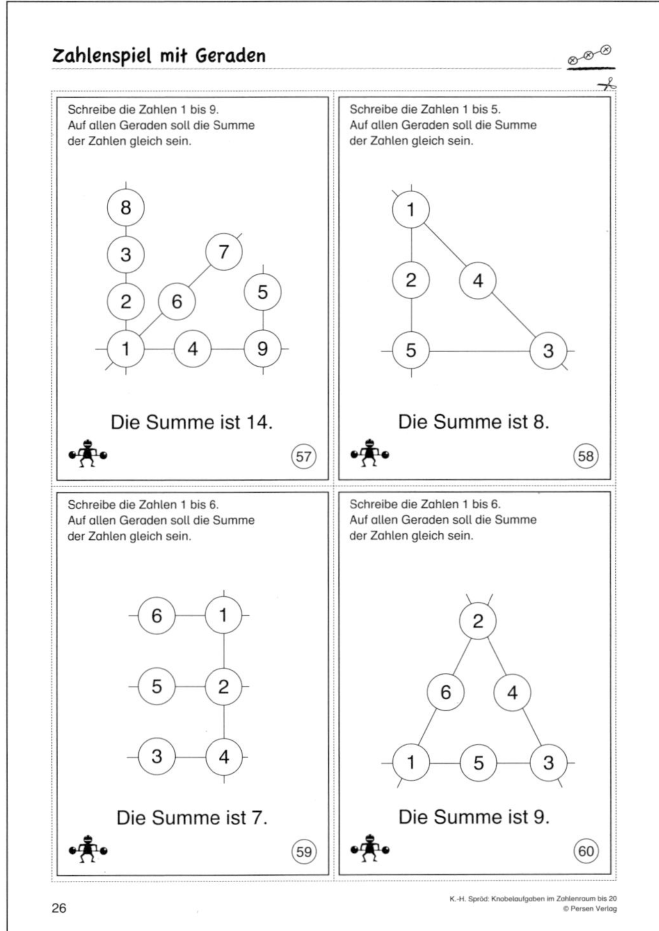

Zahlenspiel mit Geraden

Schreibe die Zahlen 1 bis 9. Auf allen Geraden soll die Summe der Zahlen gleich sein.

Die Summe ist 14.

(57)

Schreibe die Zahlen 1 bis 5. Auf allen Geraden soll die Summe der Zahlen gleich sein.

Die Summe ist 8.

(58)

Schreibe die Zahlen 1 bis 6. Auf allen Geraden soll die Summe der Zahlen gleich sein.

Die Summe ist 7.

(59)

Schreibe die Zahlen 1 bis 6. Auf allen Geraden soll die Summe der Zahlen gleich sein.

Die Summe ist 9.

(60)

26

K.-H. Spröd: Knobelaufgaben im Zahlenraum bis 20
© Persen Verlag

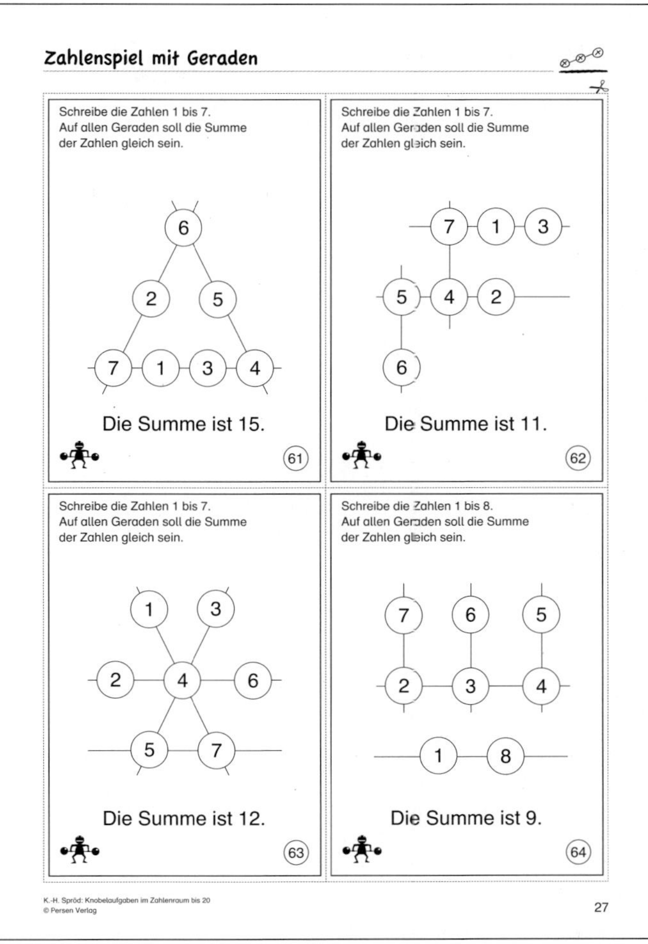

Zahlenspiel mit Geraden

Schreibe die Zahlen 1 bis 7. Auf allen Geraden soll die Summe der Zahlen gleich sein.

Die Summe ist 15.

(61)

Schreibe die Zahlen 1 bis 7. Auf allen Geraden soll die Summe der Zahlen gleich sein.

Die Summe ist 11.

(62)

Schreibe die Zahlen 1 bis 7. Auf allen Geraden soll die Summe der Zahlen gleich sein.

Die Summe ist 12.

(63)

Schreibe die Zahlen 1 bis 8. Auf allen Geraden soll die Summe der Zahlen gleich sein.

Die Summe ist 9.

(64)

K.-H. Spröd: Knobelaufgaben im Zahlenraum bis 20
© Persen Verlag

27

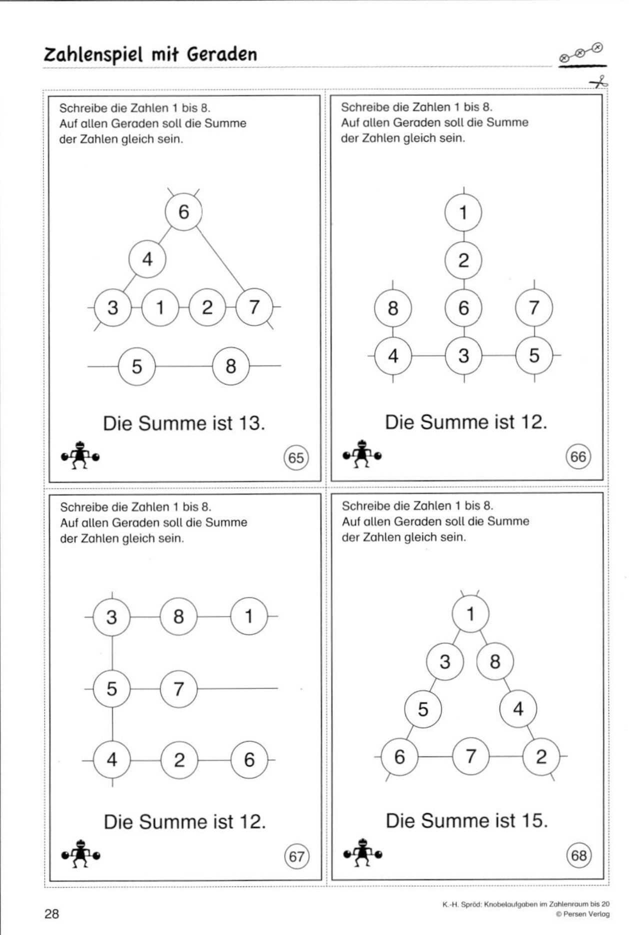

Zahlenspiel mit Geraden

Schreibe die Zahlen 1 bis 8. Auf allen Geraden soll die Summe der Zahlen gleich sein.

Die Summe ist 13.

(65)

Schreibe die Zahlen 1 bis 8. Auf allen Geraden soll die Summe der Zahlen gleich sein.

Die Summe ist 12.

(66)

Schreibe die Zahlen 1 bis 8. Auf allen Geraden soll die Summe der Zahlen gleich sein.

Die Summe ist 12.

(67)

Schreibe die Zahlen 1 bis 8. Auf allen Geraden soll die Summe der Zahlen gleich sein.

Die Summe ist 15.

(68)

28

K.-H. Spröd: Knobelaufgaben im Zahlenraum bis 20
© Persen Verlag

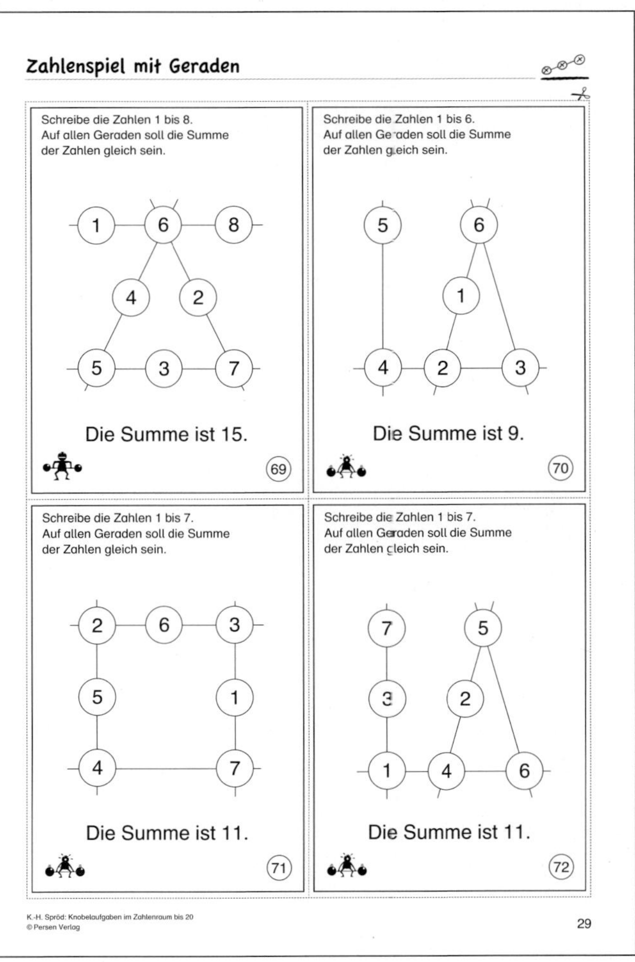

Zahlenspiel mit Geraden

Schreibe die Zahlen 1 bis 8. Auf allen Geraden soll die Summe der Zahlen gleich sein.

Die Summe ist 15.

(69)

Schreibe die Zahlen 1 bis 6. Auf allen Geraden soll die Summe der Zahlen gleich sein.

Die Summe ist 9.

(70)

Schreibe die Zahlen 1 bis 7. Auf allen Geraden soll die Summe der Zahlen gleich sein.

Die Summe ist 11.

(71)

Schreibe die Zahlen 1 bis 7. Auf allen Geraden soll die Summe der Zahlen gleich sein.

Die Summe ist 11.

(72)

K.-H. Spröd: Knobelaufgaben im Zahlenraum bis 20
© Persen Verlag

29

Lösungen

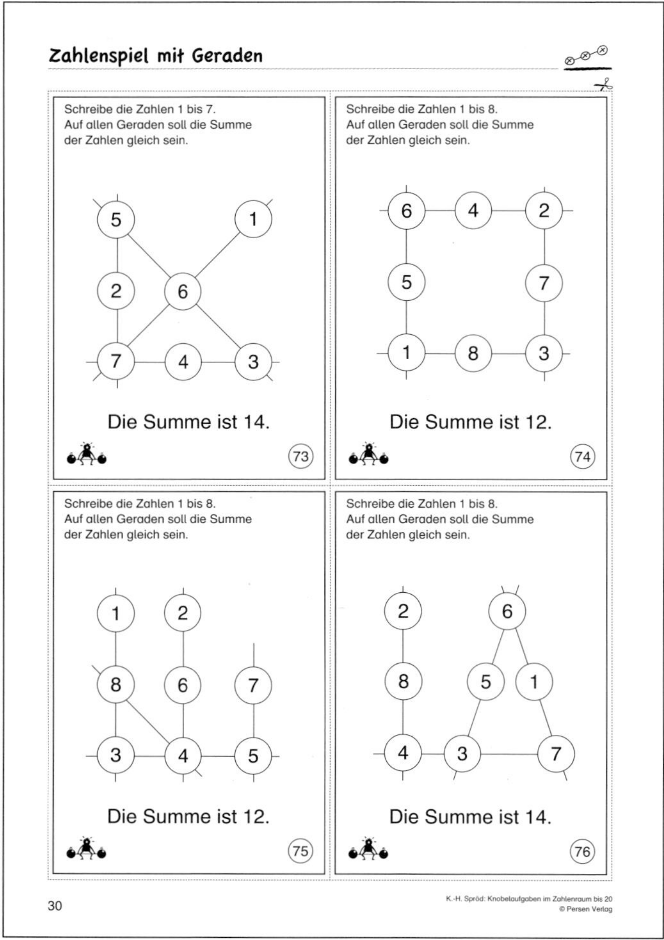
Zahlenspiel mit Geraden
Schreibe die Zahlen 1 bis 7. Auf allen Geraden soll die Summe der Zahlen gleich sein.
Die Summe ist 14.
73
Schreibe die Zahlen 1 bis 8. Auf allen Geraden soll die Summe der Zahlen gleich sein.
Die Summe ist 12.
74
Schreibe die Zahlen 1 bis 8. Auf allen Geraden soll die Summe der Zahlen gleich sein.
Die Summe ist 12.
75
Schreibe die Zahlen 1 bis 8. Auf allen Geraden soll die Summe der Zahlen gleich sein.
Die Summe ist 14.
76
30
K.-H. Spröd: Knobelaufgaben im Zahlenraum bis 20
© Persen Verlag

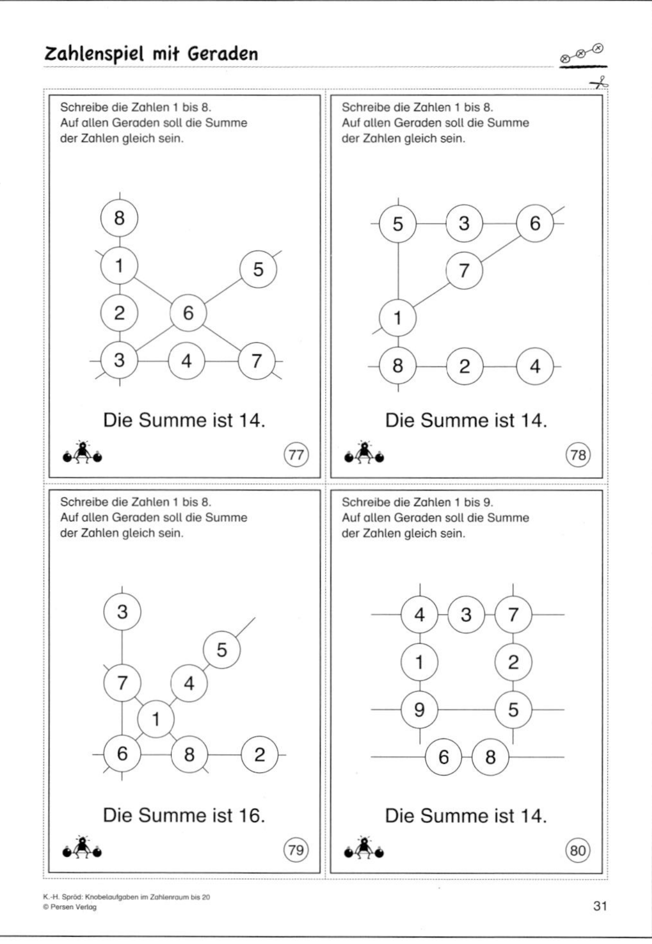
Zahlenspiel mit Geraden
Schreibe die Zahlen 1 bis 8. Auf allen Geraden soll die Summe der Zahlen gleich sein.
Die Summe ist 14.
77
Schreibe die Zahlen 1 bis 8. Auf allen Geraden soll die Summe der Zahlen gleich sein.
Die Summe ist 14.
78
Schreibe die Zahlen 1 bis 8. Auf allen Geraden soll die Summe der Zahlen gleich sein.
Die Summe ist 16.
79
Schreibe die Zahlen 1 bis 9. Auf allen Geraden soll die Summe der Zahlen gleich sein.
Die Summe ist 14.
80
K.-H. Spröd: Knobelaufgaben im Zahlenraum bis 20
© Persen Verlag
31

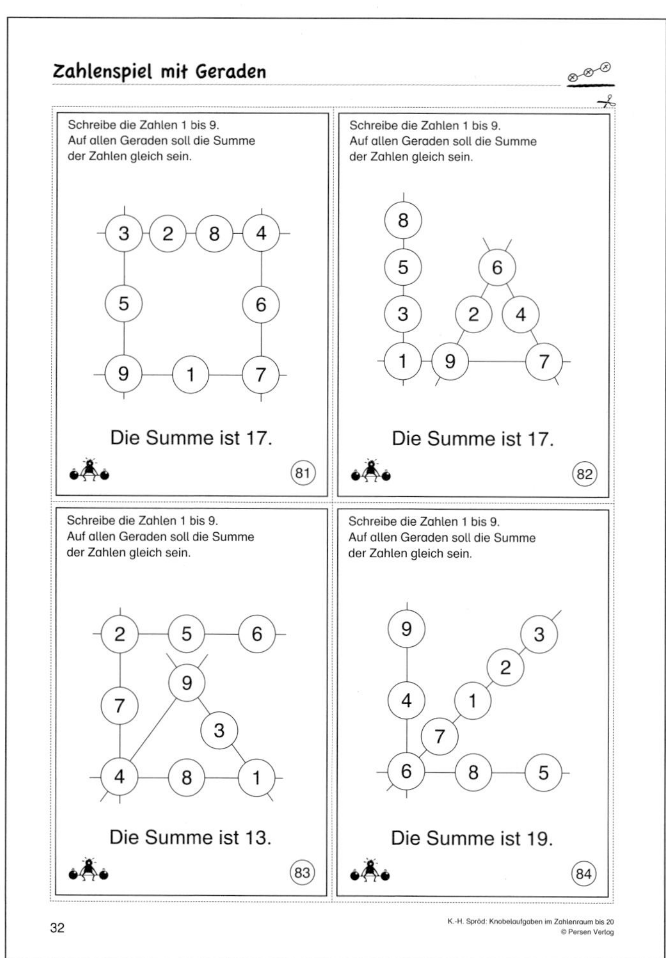
Zahlenspiel mit Geraden
Schreibe die Zahlen 1 bis 9. Auf allen Geraden soll die Summe der Zahlen gleich sein.
Die Summe ist 17.
81
Schreibe die Zahlen 1 bis 9. Auf allen Geraden soll die Summe der Zahlen gleich sein.
Die Summe ist 17.
82
Schreibe die Zahlen 1 bis 9. Auf allen Geraden soll die Summe der Zahlen gleich sein.
Die Summe ist 13.
83
Schreibe die Zahlen 1 bis 9. Auf allen Geraden soll die Summe der Zahlen gleich sein.
Die Summe ist 19.
84
32
K.-H. Spröd: Knobelaufgaben im Zahlenraum bis 20
© Persen Verlag

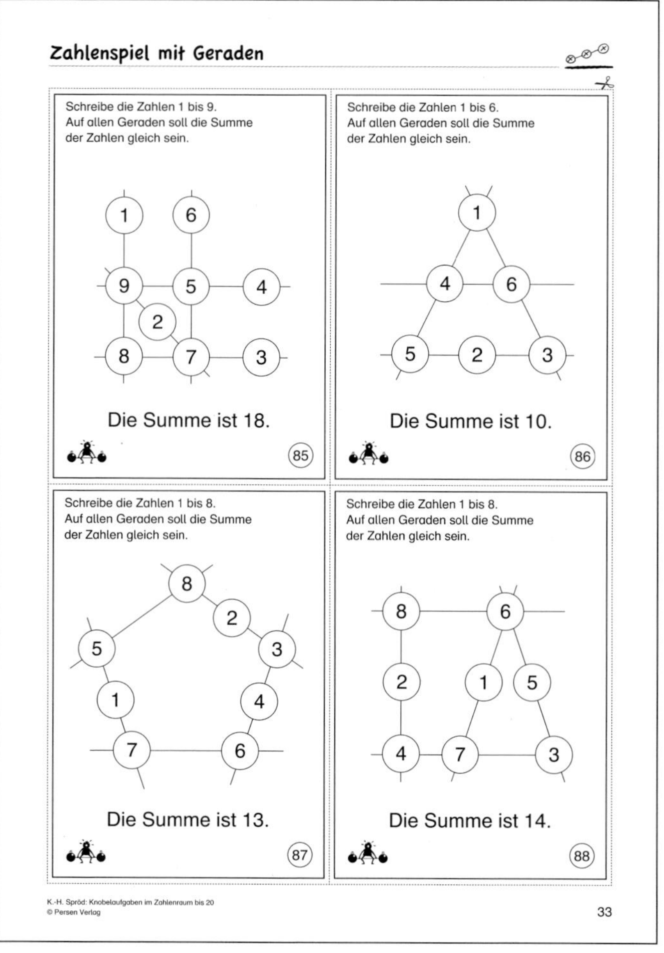
Zahlenspiel mit Geraden
Schreibe die Zahlen 1 bis 9. Auf allen Geraden soll die Summe der Zahlen gleich sein.
Die Summe ist 18.
85
Schreibe die Zahlen 1 bis 6. Auf allen Geraden soll die Summe der Zahlen gleich sein.
Die Summe ist 10.
86
Schreibe die Zahlen 1 bis 8. Auf allen Geraden soll die Summe der Zahlen gleich sein.
Die Summe ist 13.
87
Schreibe die Zahlen 1 bis 8. Auf allen Geraden soll die Summe der Zahlen gleich sein.
Die Summe ist 14.
88
K.-H. Spröd: Knobelaufgaben im Zahlenraum bis 20
© Persen Verlag
33

Lösungen

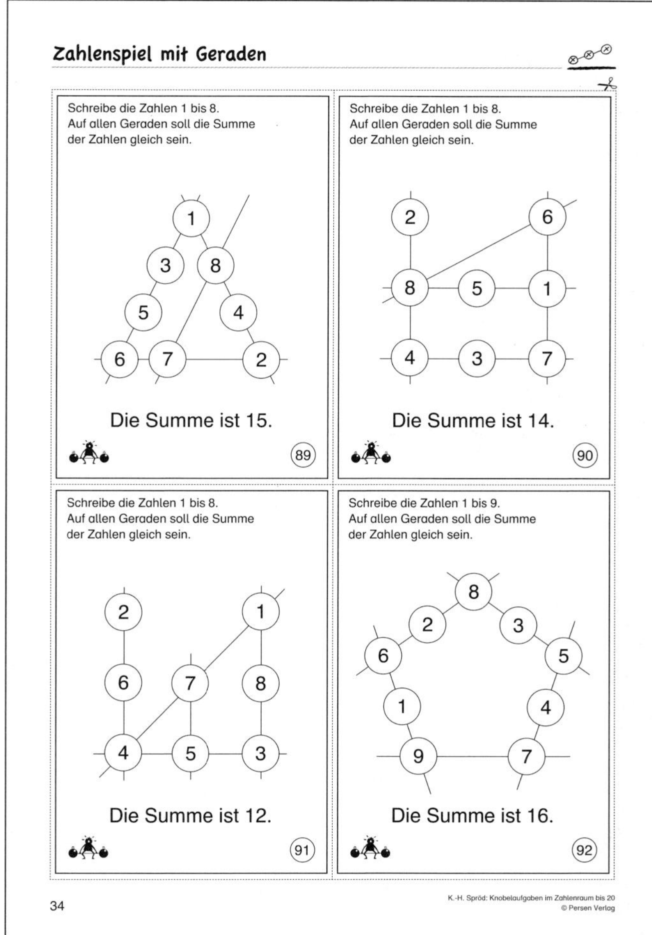
Zahlenspiel mit Geraden
Schreibe die Zahlen 1 bis 8.
Auf allen Geraden soll die Summe
der Zahlen gleich sein.
Die Summe ist 15.
89
Schreibe die Zahlen 1 bis 8.
Auf allen Geraden soll die Summe
der Zahlen gleich sein.
Die Summe ist 14.
90
Schreibe die Zahlen 1 bis 8.
Auf allen Geraden soll die Summe
der Zahlen gleich sein.
Die Summe ist 12.
91
Schreibe die Zahlen 1 bis 9.
Auf allen Geraden soll die Summe
der Zahlen gleich sein.
Die Summe ist 16.
92
34
K.-H. Spröd: Knobelaufgaben im Zahlenraum bis 20
© Persen Verlag

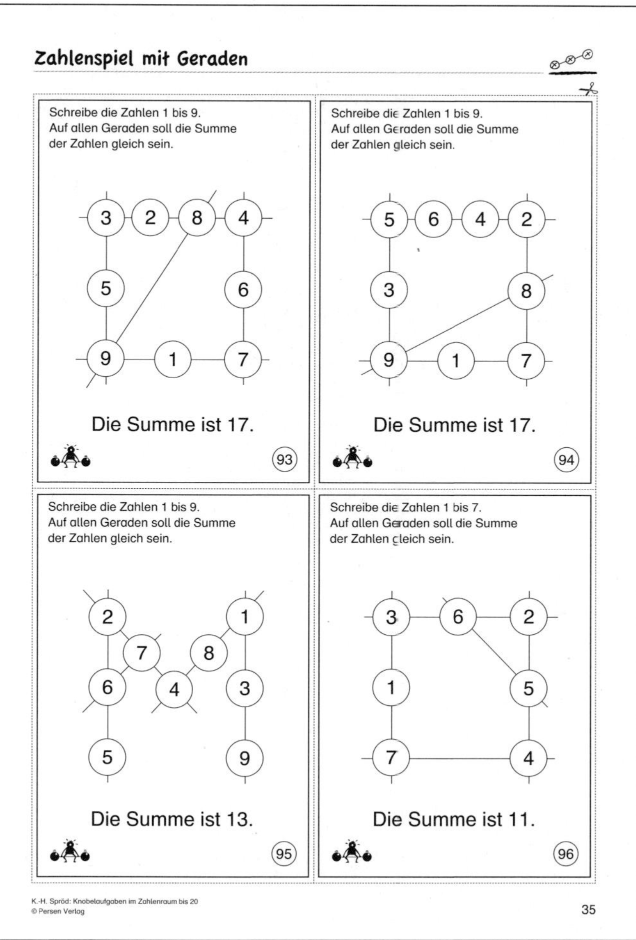
Zahlenspiel mit Geraden
Schreibe die Zahlen 1 bis 9.
Auf allen Geraden soll die Summe
der Zahlen gleich sein.
Die Summe ist 17.
93
Schreibe die Zahlen 1 bis 9.
Auf allen Geraden soll die Summe
der Zahlen gleich sein.
Die Summe ist 17.
94
Schreibe die Zahlen 1 bis 9.
Auf allen Geraden soll die Summe
der Zahlen gleich sein.
Die Summe ist 13.
95
Schreibe die Zahlen 1 bis 7.
Auf allen Geraden soll die Summe
der Zahlen gleich sein.
Die Summe ist 11.
96
K.-H. Spröd: Knobelaufgaben im Zahlenraum bis 20
© Persen Verlag
35

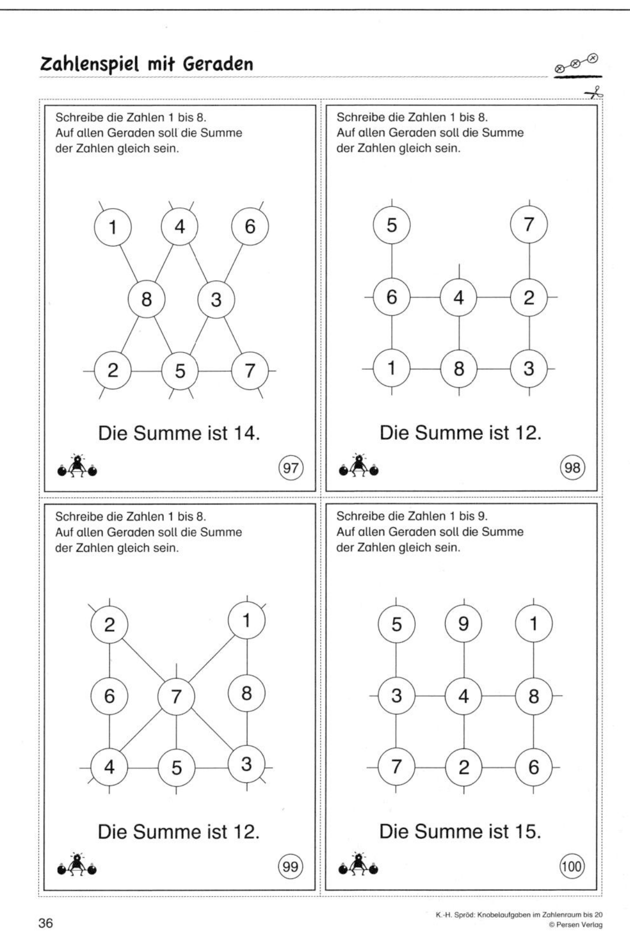
Zahlenspiel mit Geraden
Schreibe die Zahlen 1 bis 8.
Auf allen Geraden soll die Summe
der Zahlen gleich sein.
Die Summe ist 14.
97
Schreibe die Zahlen 1 bis 8.
Auf allen Geraden soll die Summe
der Zahlen gleich sein.
Die Summe ist 12.
98
Schreibe die Zahlen 1 bis 8.
Auf allen Geraden soll die Summe
der Zahlen gleich sein.
Die Summe ist 12.
99
Schreibe die Zahlen 1 bis 9.
Auf allen Geraden soll die Summe
der Zahlen gleich sein.
Die Summe ist 15.
100
36
K.-H. Spröd: Knobelaufgaben im Zahlenraum bis 20
© Persen Verlag

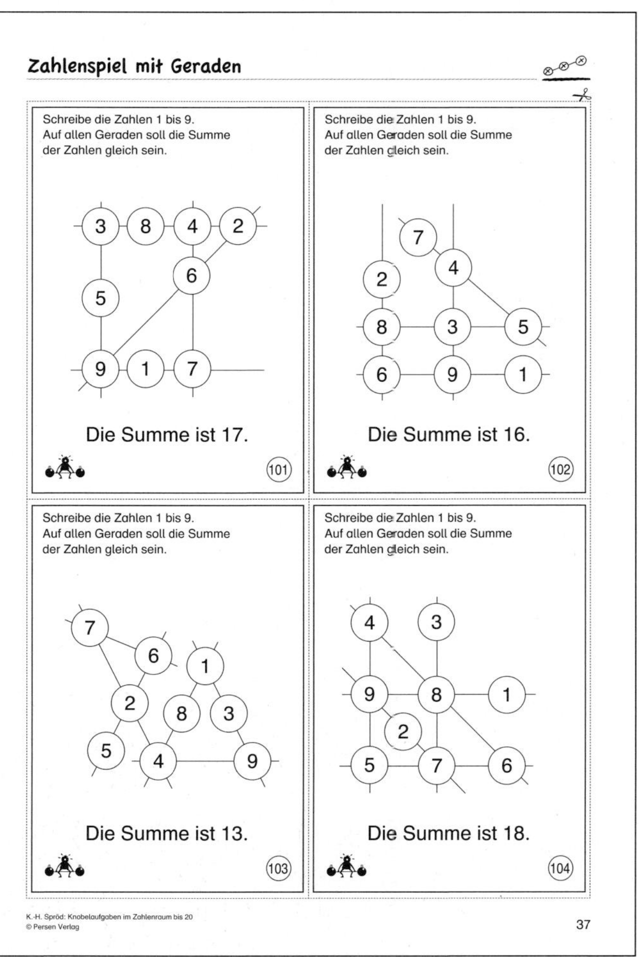
Zahlenspiel mit Geraden
Schreibe die Zahlen 1 bis 9.
Auf allen Geraden soll die Summe
der Zahlen gleich sein.
Die Summe ist 17.
101
Schreibe die Zahlen 1 bis 9.
Auf allen Geraden soll die Summe
der Zahlen gleich sein.
Die Summe ist 16.
102
Schreibe die Zahlen 1 bis 9.
Auf allen Geraden soll die Summe
der Zahlen gleich sein.
Die Summe ist 13.
103
Schreibe die Zahlen 1 bis 9.
Auf allen Geraden soll die Summe
der Zahlen gleich sein.
Die Summe ist 18.
104
K.-H. Spröd: Knobelaufgaben im Zahlenraum bis 20
© Persen Verlag
37

Lösungen

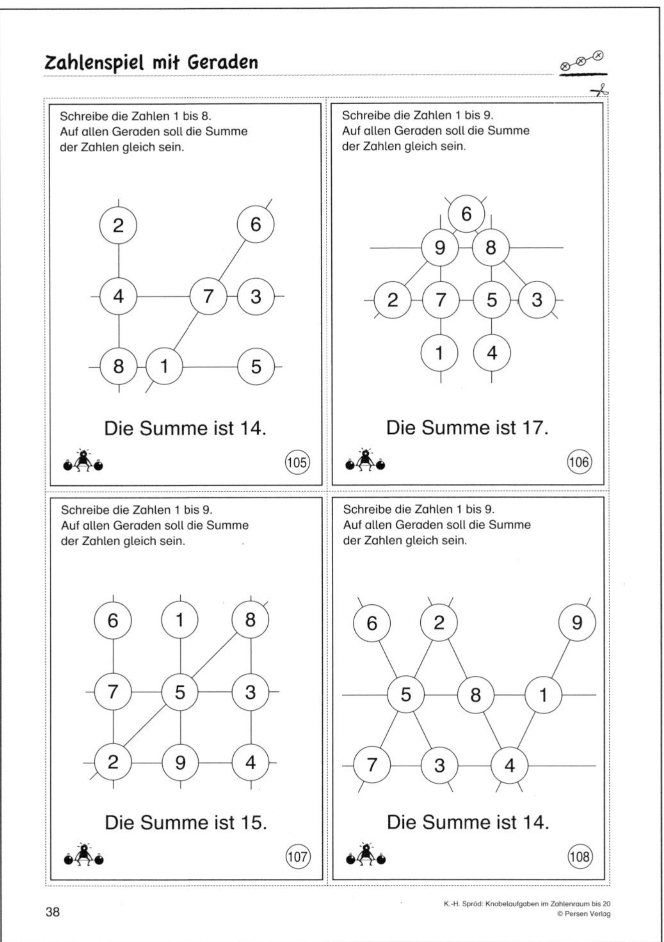

Zahlenspiel mit Geraden

Schreibe die Zahlen 1 bis 8.
Auf allen Geraden soll die Summe der Zahlen gleich sein.

Die Summe ist 14.

105

Schreibe die Zahlen 1 bis 9.
Auf allen Geraden soll die Summe der Zahlen gleich sein.

Die Summe ist 17.

106

Schreibe die Zahlen 1 bis 9.
Auf allen Geraden soll die Summe der Zahlen gleich sein.

Die Summe ist 15.

107

Schreibe die Zahlen 1 bis 9.
Auf allen Geraden soll die Summe der Zahlen gleich sein.

Die Summe ist 14.

108

38 K.-H. Spröd: Knobelaufgaben im Zahlenraum bis 20 © Persen Verlag

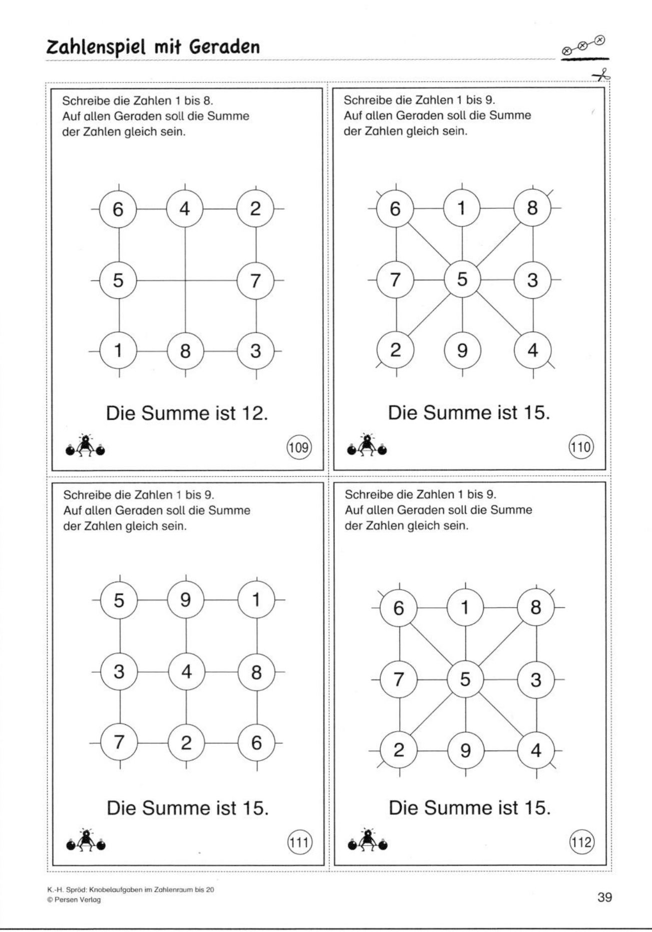

Zahlenspiel mit Geraden

Schreibe die Zahlen 1 bis 8.
Auf allen Geraden soll die Summe der Zahlen gleich sein.

Die Summe ist 12.

109

Schreibe die Zahlen 1 bis 9.
Auf allen Geraden soll die Summe der Zahlen gleich sein.

Die Summe ist 15.

110

Schreibe die Zahlen 1 bis 9.
Auf allen Geraden soll die Summe der Zahlen gleich sein.

Die Summe ist 15.

111

Schreibe die Zahlen 1 bis 9.
Auf allen Geraden soll die Summe der Zahlen gleich sein.

Die Summe ist 15.

112

K.-H. Spröd: Knobelaufgaben im Zahlenraum bis 20 © Persen Verlag 39

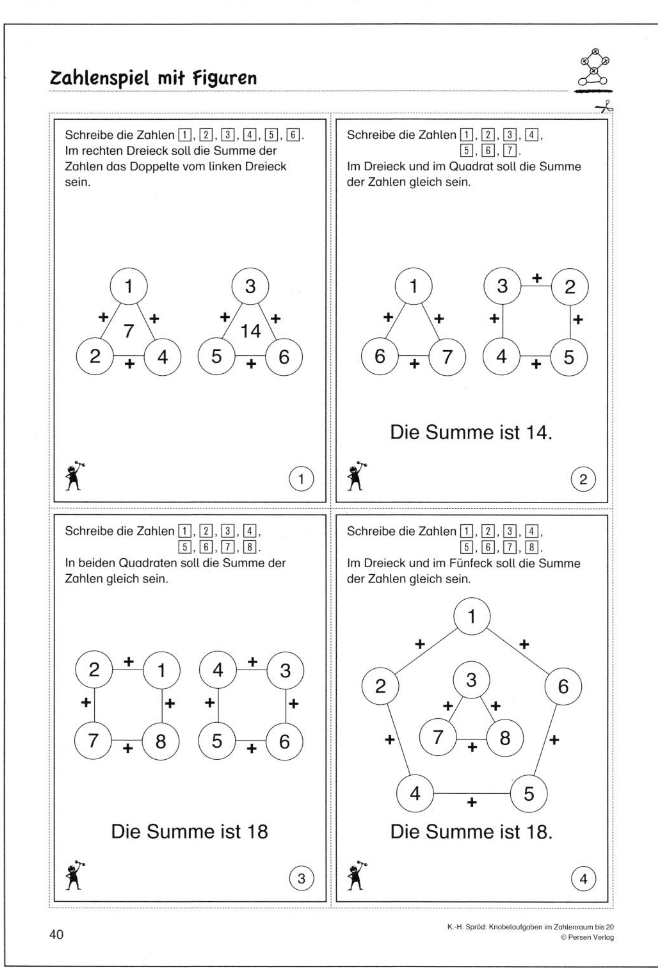

Zahlenspiel mit Figuren

Schreibe die Zahlen 1, 2, 3, 4, 5, 6.
Im rechten Dreieck soll die Summe der Zahlen das Doppelte vom linken Dreieck sein.

1

Schreibe die Zahlen 1, 2, 3, 4, 5, 6, 7.
Im Dreieck und im Quadrat soll die Summe der Zahlen gleich sein.

Die Summe ist 14.

2

Schreibe die Zahlen 1, 2, 3, 4, 5, 6, 7, 8.
In beiden Quadraten soll die Summe der Zahlen gleich sein.

Die Summe ist 18

3

Schreibe die Zahlen 1, 2, 3, 4, 5, 6, 7, 8.
Im Dreieck und im Fünfeck soll die Summe der Zahlen gleich sein.

Die Summe ist 18.

4

40 K.-H. Spröd: Knobelaufgaben im Zahlenraum bis 20 © Persen Verlag

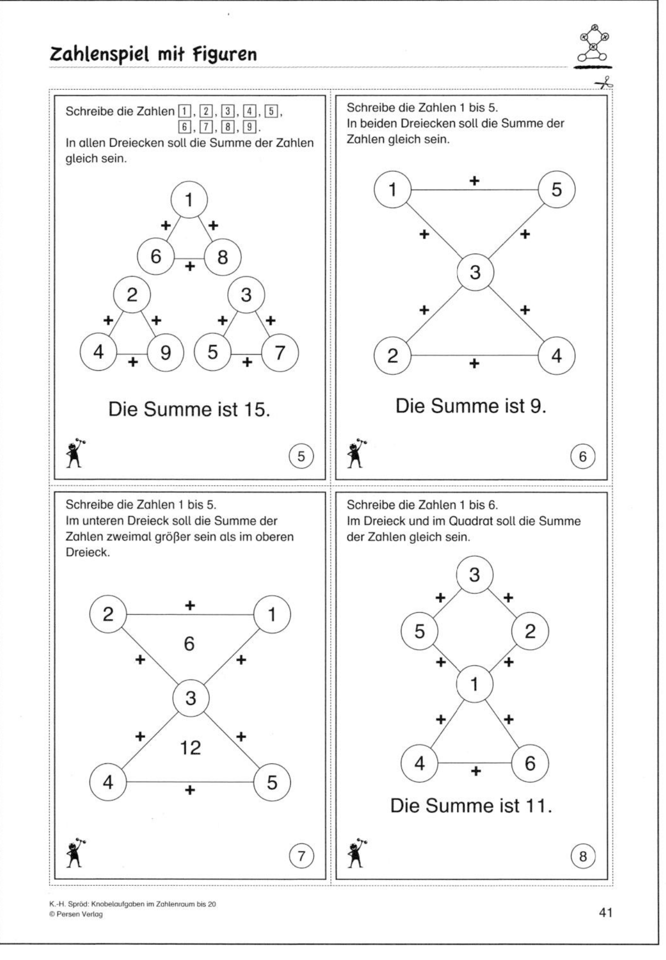

Zahlenspiel mit Figuren

Schreibe die Zahlen 1, 2, 3, 4, 5, 6, 7, 8, 9.
In allen Dreiecken soll die Summe der Zahlen gleich sein.

Die Summe ist 15.

5

Schreibe die Zahlen 1 bis 5.
In beiden Dreiecken soll die Summe der Zahlen gleich sein.

Die Summe ist 9.

6

Schreibe die Zahlen 1 bis 5.
Im unteren Dreieck soll die Summe der Zahlen zweimal größer sein als im oberen Dreieck.

7

Schreibe die Zahlen 1 bis 6.
Im Dreieck und im Quadrat soll die Summe der Zahlen gleich sein.

Die Summe ist 11.

8

K.-H. Spröd: Knobelaufgaben im Zahlenraum bis 20 © Persen Verlag 41

© Persen Verlag

Lösungen

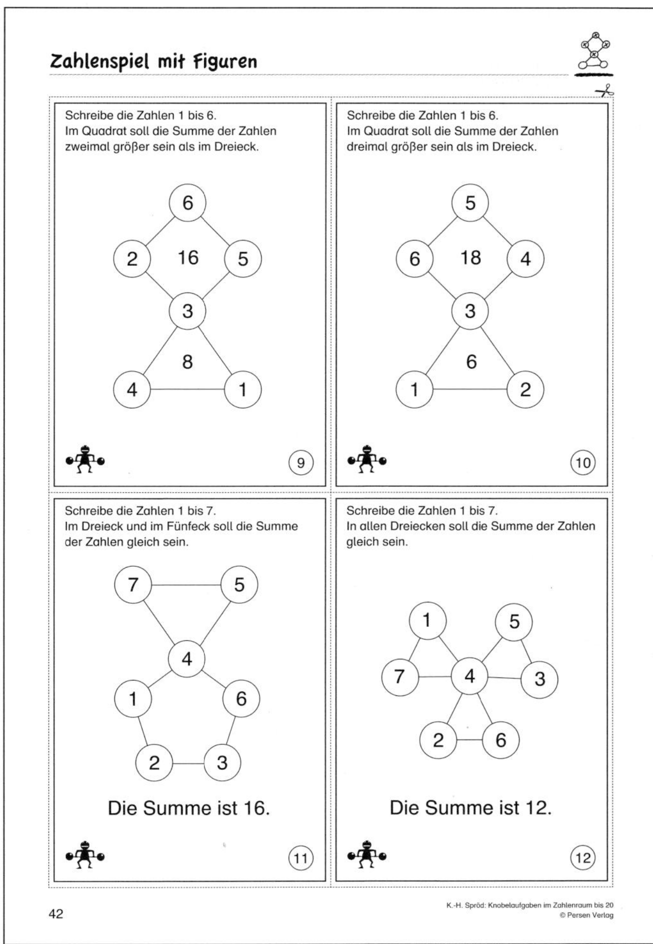

Zahlenspiel mit Figuren

Schreibe die Zahlen 1 bis 6. Im Quadrat soll die Summe der Zahlen zweimal größer sein als im Dreieck. (9)

Schreibe die Zahlen 1 bis 6. Im Quadrat soll die Summe der Zahlen dreimal größer sein als im Dreieck. (10)

Schreibe die Zahlen 1 bis 7. Im Dreieck und im Fünfeck soll die Summe der Zahlen gleich sein. Die Summe ist 16. (11)

Schreibe die Zahlen 1 bis 7. In allen Dreiecken soll die Summe der Zahlen gleich sein. Die Summe ist 12. (12)

42

K.-H. Spröd: Knobelaufgaben im Zahlenraum bis 20 © Persen Verlag

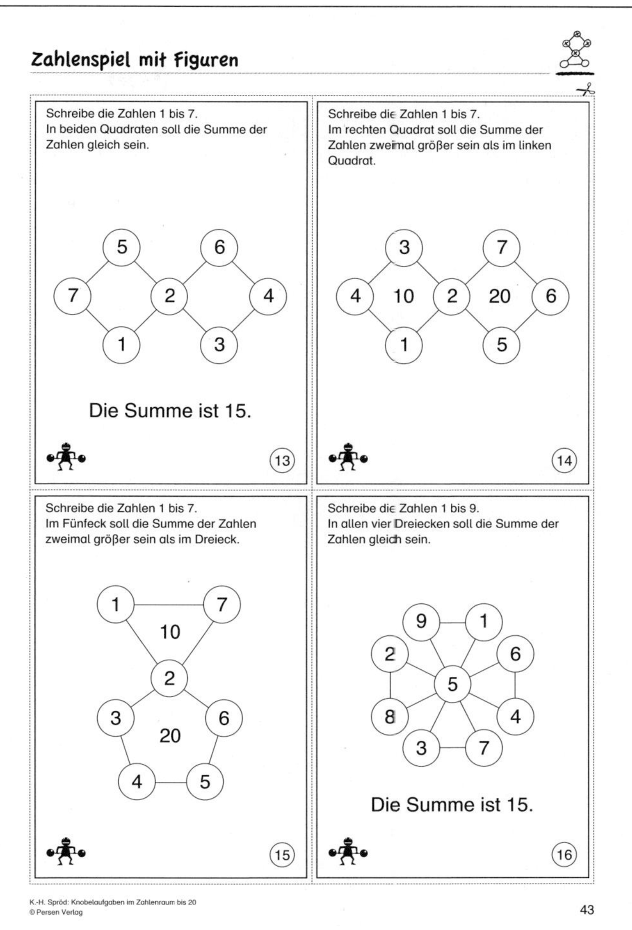

Zahlenspiel mit Figuren

Schreibe die Zahlen 1 bis 7. In beiden Quadraten soll die Summe der Zahlen gleich sein. Die Summe ist 15. (13)

Schreibe die Zahlen 1 bis 7. Im rechten Quadrat soll die Summe der Zahlen zweimal größer sein als im linken Quadrat. (14)

Schreibe die Zahlen 1 bis 7. Im Fünfeck soll die Summe der Zahlen zweimal größer sein als im Dreieck. (15)

Schreibe die Zahlen 1 bis 9. In allen vier Dreiecken soll die Summe der Zahlen gleich sein. Die Summe ist 15. (16)

K.-H. Spröd: Knobelaufgaben im Zahlenraum bis 20 © Persen Verlag

43

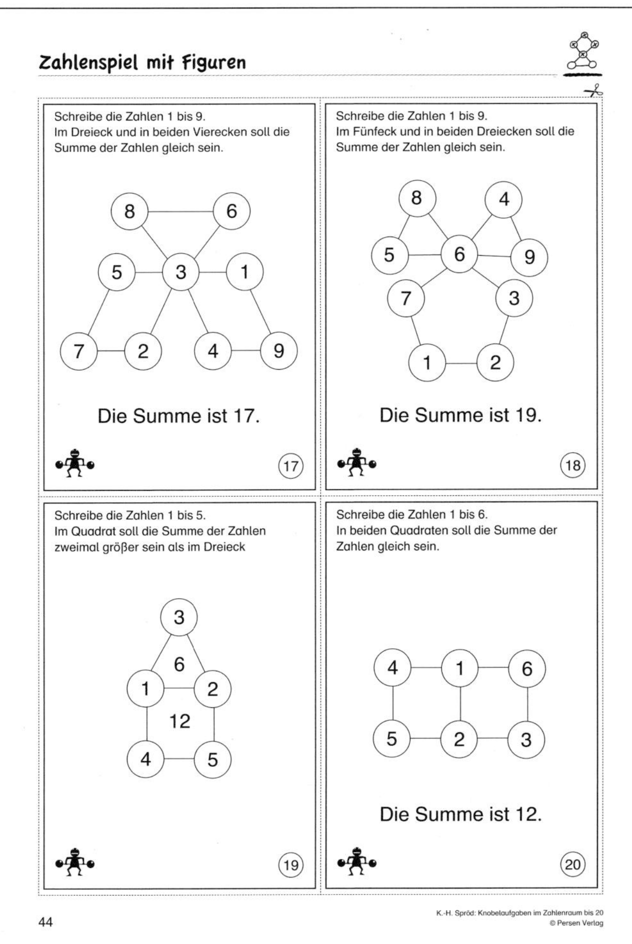

Zahlenspiel mit Figuren

Schreibe die Zahlen 1 bis 9. Im Dreieck und in beiden Vierecken soll die Summe der Zahlen gleich sein. Die Summe ist 17. (17)

Schreibe die Zahlen 1 bis 9. Im Fünfeck und in beiden Dreiecken soll die Summe der Zahlen gleich sein. Die Summe ist 19. (18)

Schreibe die Zahlen 1 bis 5. Im Quadrat soll die Summe der Zahlen zweimal größer sein als im Dreieck (19)

Schreibe die Zahlen 1 bis 6. In beiden Quadraten soll die Summe der Zahlen gleich sein. Die Summe ist 12. (20)

44

K.-H. Spröd: Knobelaufgaben im Zahlenraum bis 20 © Persen Verlag

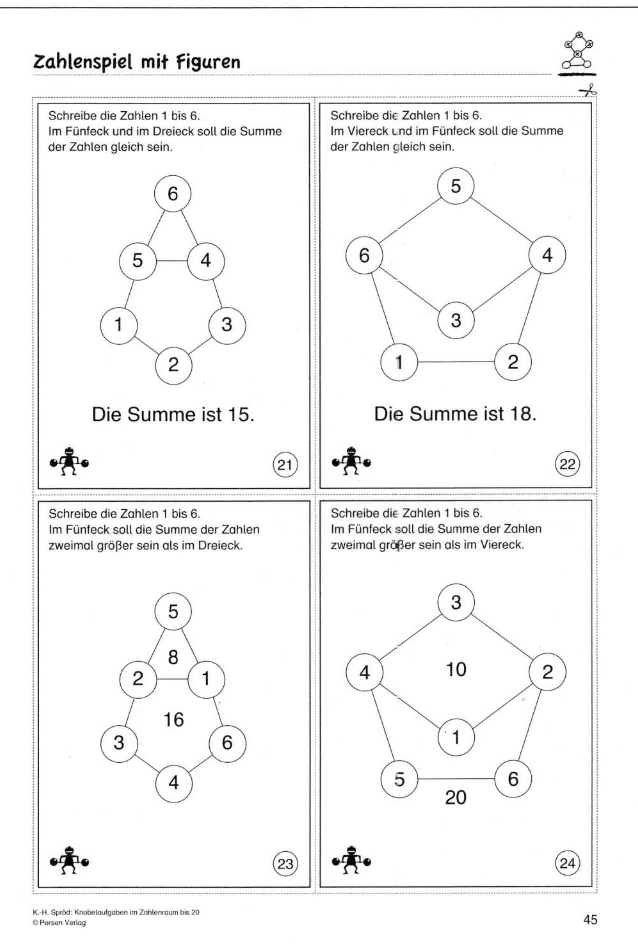

Zahlenspiel mit Figuren

Schreibe die Zahlen 1 bis 6. Im Fünfeck und im Dreieck soll die Summe der Zahlen gleich sein. Die Summe ist 15. (21)

Schreibe die Zahlen 1 bis 6. Im Viereck und im Fünfeck soll die Summe der Zahlen gleich sein. Die Summe ist 18. (22)

Schreibe die Zahlen 1 bis 6. Im Fünfeck soll die Summe der Zahlen zweimal größer sein als im Dreieck. (23)

Schreibe die Zahlen 1 bis 6. Im Fünfeck soll die Summe der Zahlen zweimal größer sein als im Viereck. (24)

K.-H. Spröd: Knobelaufgaben im Zahlenraum bis 20 © Persen Verlag

45

Lösungen

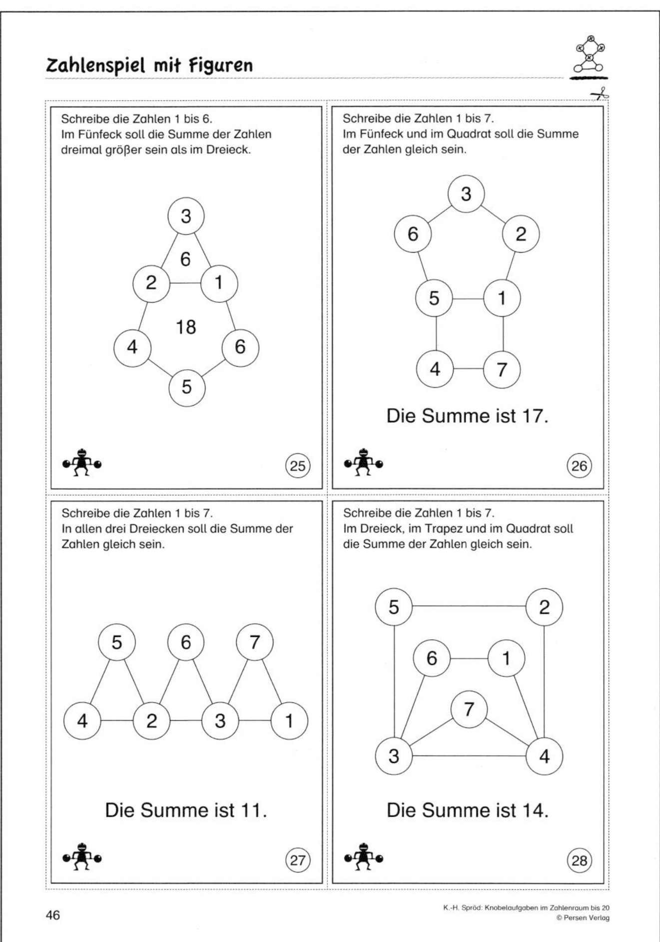

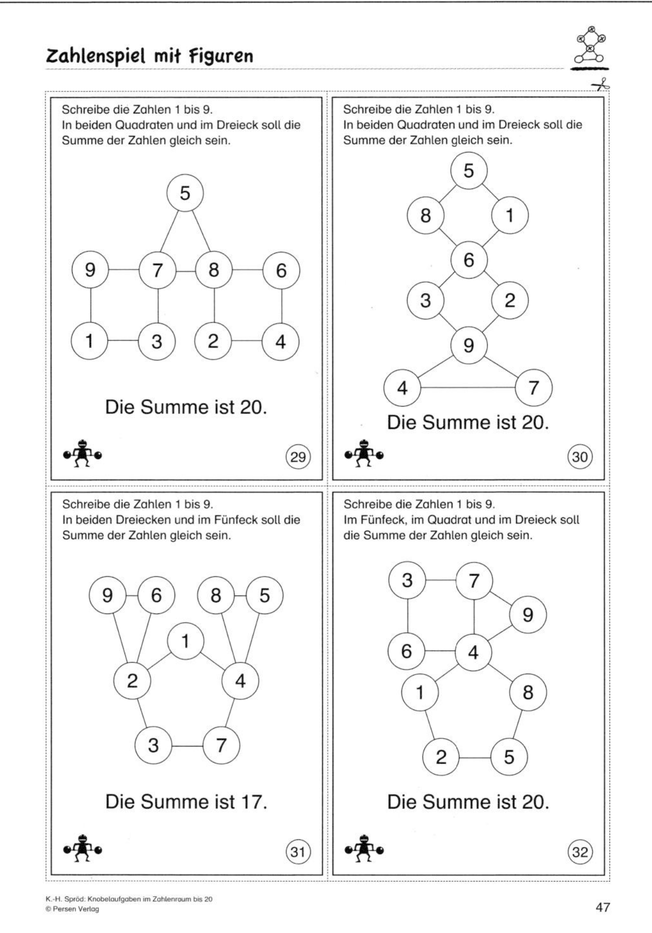

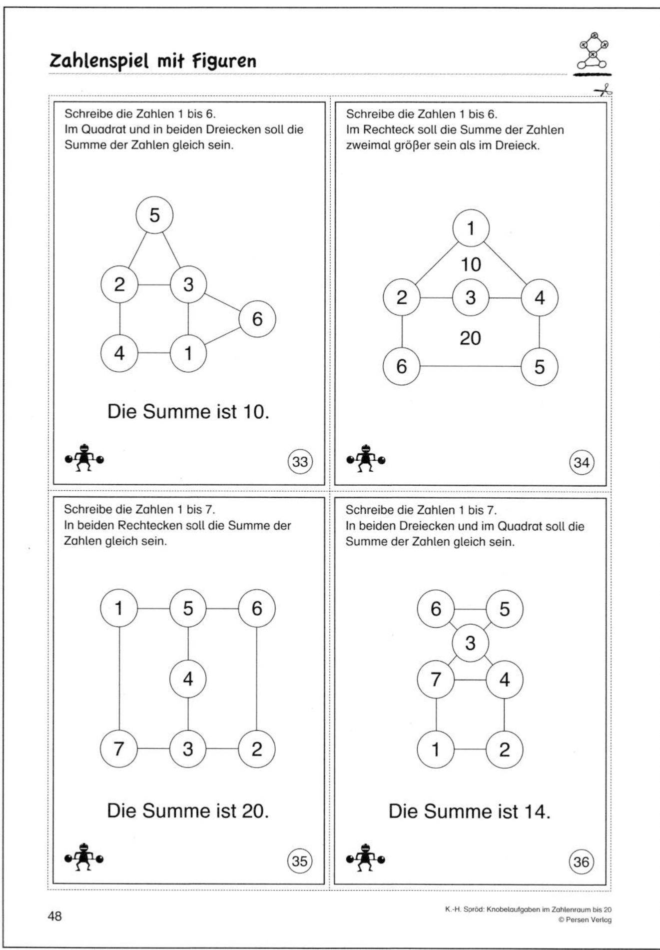

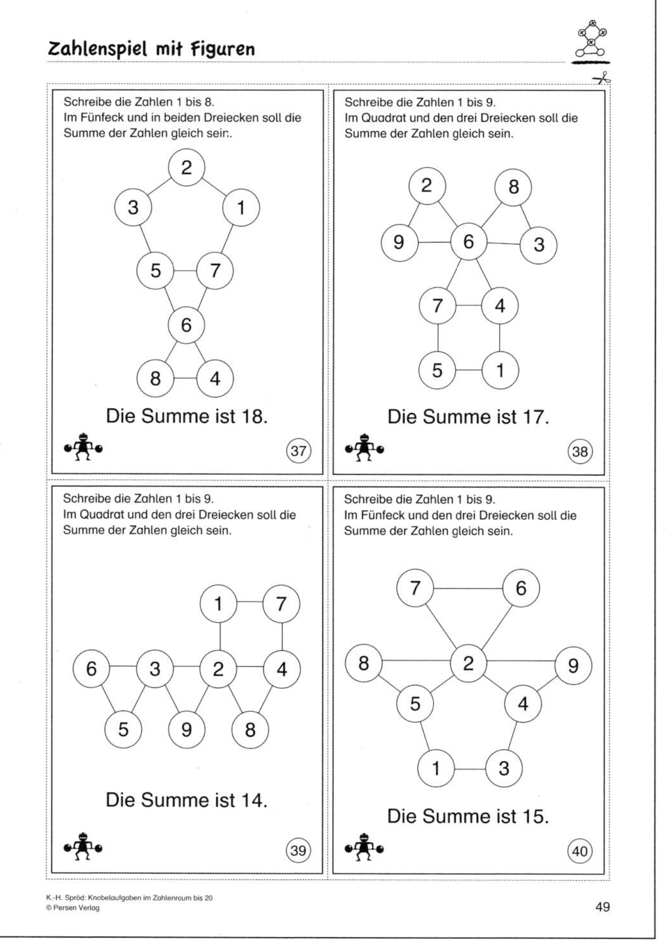

K.-H. Spröd: Knobelaufgaben im Zahlenraum bis 20
© Persen Verlag

Lösungen

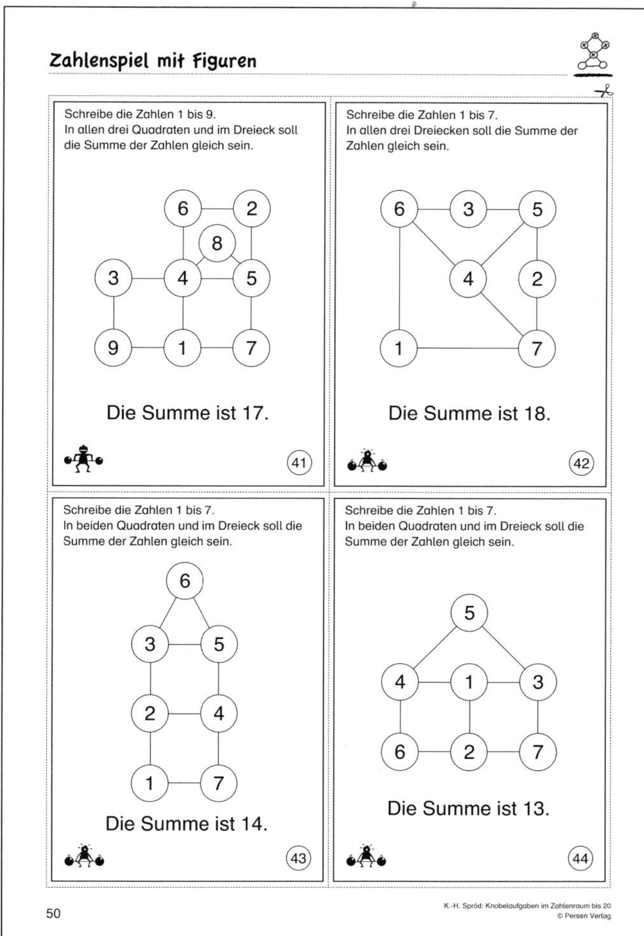

Zahlenspiel mit Figuren

Schreibe die Zahlen 1 bis 9.
In allen drei Quadraten und im Dreieck soll die Summe der Zahlen gleich sein.

Die Summe ist 17.

(41)

Schreibe die Zahlen 1 bis 7.
In allen drei Dreiecken soll die Summe der Zahlen gleich sein.

Die Summe ist 18.

(42)

Schreibe die Zahlen 1 bis 7.
In beiden Quadraten und im Dreieck soll die Summe der Zahlen gleich sein.

Die Summe ist 14.

(43)

Schreibe die Zahlen 1 bis 7.
In beiden Quadraten und im Dreieck soll die Summe der Zahlen gleich sein.

Die Summe ist 13.

(44)

50 K.-H. Spröd: Knobelaufgaben im Zahlenraum bis 20 © Persen Verlag

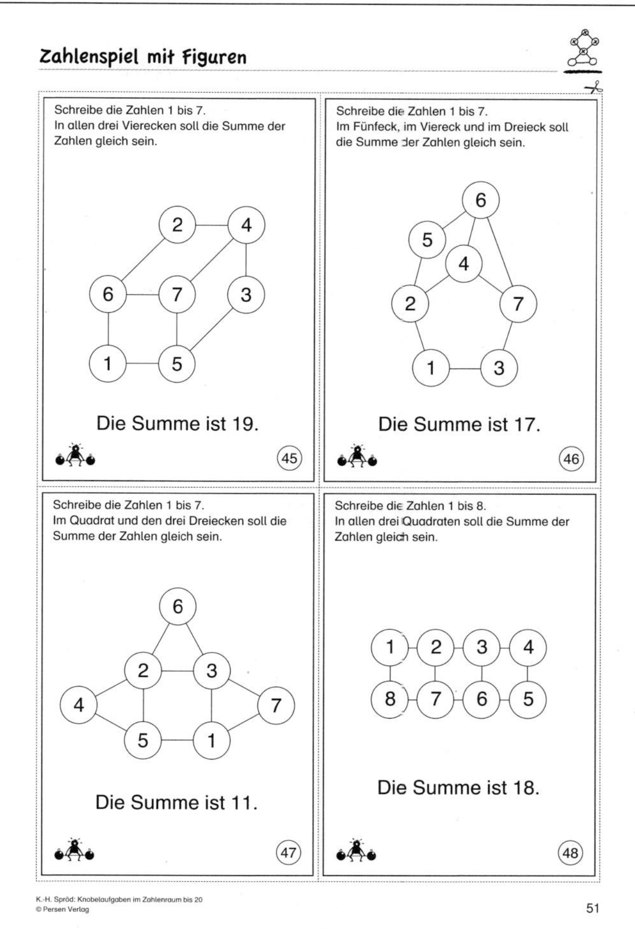

Zahlenspiel mit Figuren

Schreibe die Zahlen 1 bis 7.
In allen drei Vierecken soll die Summe der Zahlen gleich sein.

Die Summe ist 19.

(45)

Schreibe die Zahlen 1 bis 7.
Im Fünfeck, im Viereck und im Dreieck soll die Summe der Zahlen gleich sein.

Die Summe ist 17.

(46)

Schreibe die Zahlen 1 bis 7.
Im Quadrat und den drei Dreiecken soll die Summe der Zahlen gleich sein.

Die Summe ist 11.

(47)

Schreibe die Zahlen 1 bis 8.
In allen drei Quadraten soll die Summe der Zahlen gleich sein.

Die Summe ist 18.

(48)

K.-H. Spröd: Knobelaufgaben im Zahlenraum bis 20 © Persen Verlag 51

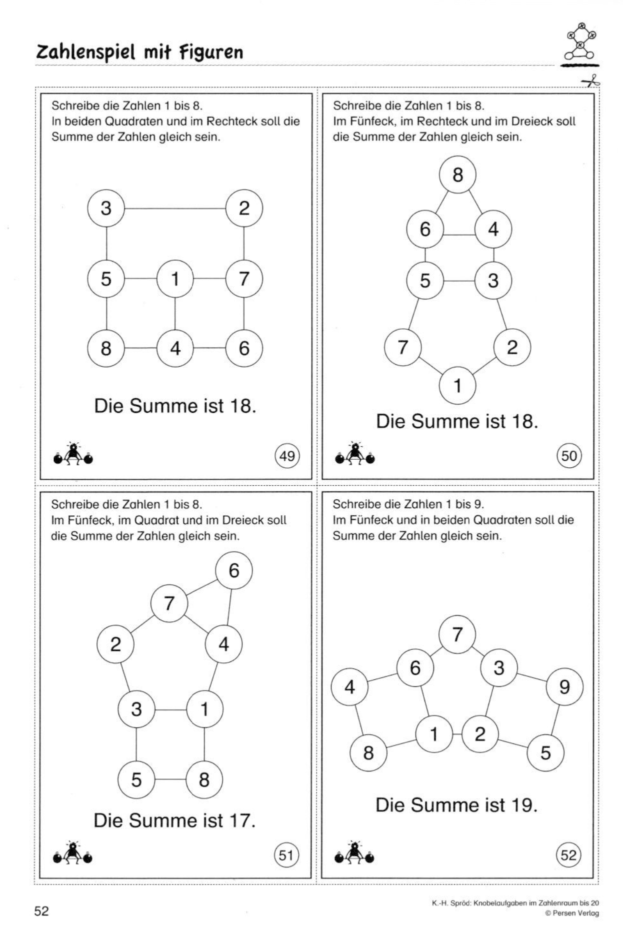

Zahlenspiel mit Figuren

Schreibe die Zahlen 1 bis 8.
In beiden Quadraten und im Rechteck soll die Summe der Zahlen gleich sein.

Die Summe ist 18.

(49)

Schreibe die Zahlen 1 bis 8.
Im Fünfeck, im Rechteck und im Dreieck soll die Summe der Zahlen gleich sein.

Die Summe ist 18.

(50)

Schreibe die Zahlen 1 bis 8.
Im Fünfeck, im Quadrat und im Dreieck soll die Summe der Zahlen gleich sein.

Die Summe ist 17.

(51)

Schreibe die Zahlen 1 bis 9.
Im Fünfeck und in beiden Quadraten soll die Summe der Zahlen gleich sein.

Die Summe ist 19.

(52)

52 K.-H. Spröd: Knobelaufgaben im Zahlenraum bis 20 © Persen Verlag

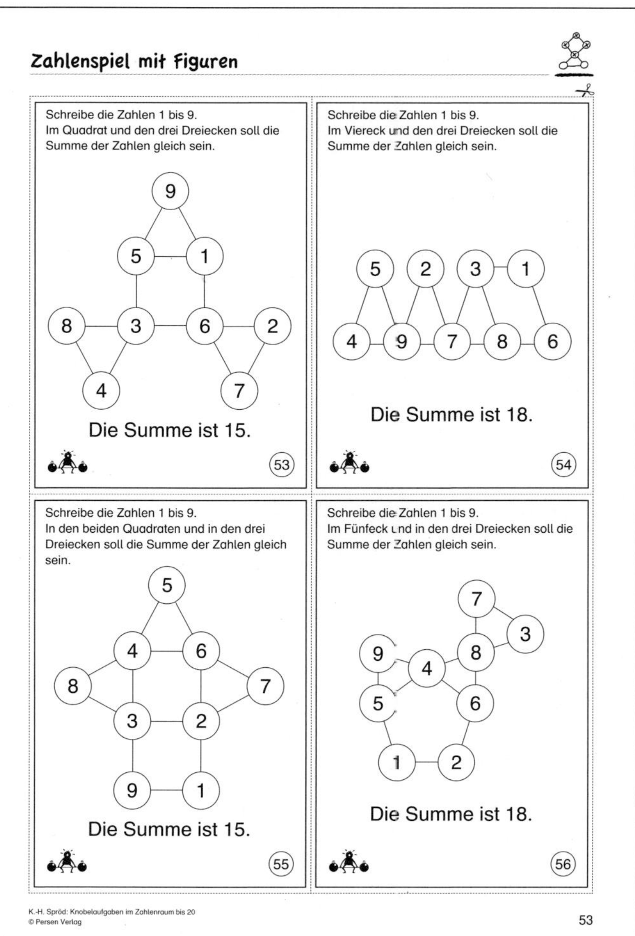

Zahlenspiel mit Figuren

Schreibe die Zahlen 1 bis 9.
Im Quadrat und den drei Dreiecken soll die Summe der Zahlen gleich sein.

Die Summe ist 15.

(53)

Schreibe die Zahlen 1 bis 9.
Im Viereck und den drei Dreiecken soll die Summe der Zahlen gleich sein.

Die Summe ist 18.

(54)

Schreibe die Zahlen 1 bis 9.
In den beiden Quadraten und in den drei Dreiecken soll die Summe der Zahlen gleich sein.

Die Summe ist 15.

(55)

Schreibe die Zahlen 1 bis 9.
Im Fünfeck und in den drei Dreiecken soll die Summe der Zahlen gleich sein.

Die Summe ist 18.

(56)

K.-H. Spröd: Knobelaufgaben im Zahlenraum bis 20 © Persen Verlag 53

© Persen Verlag

Lösungen

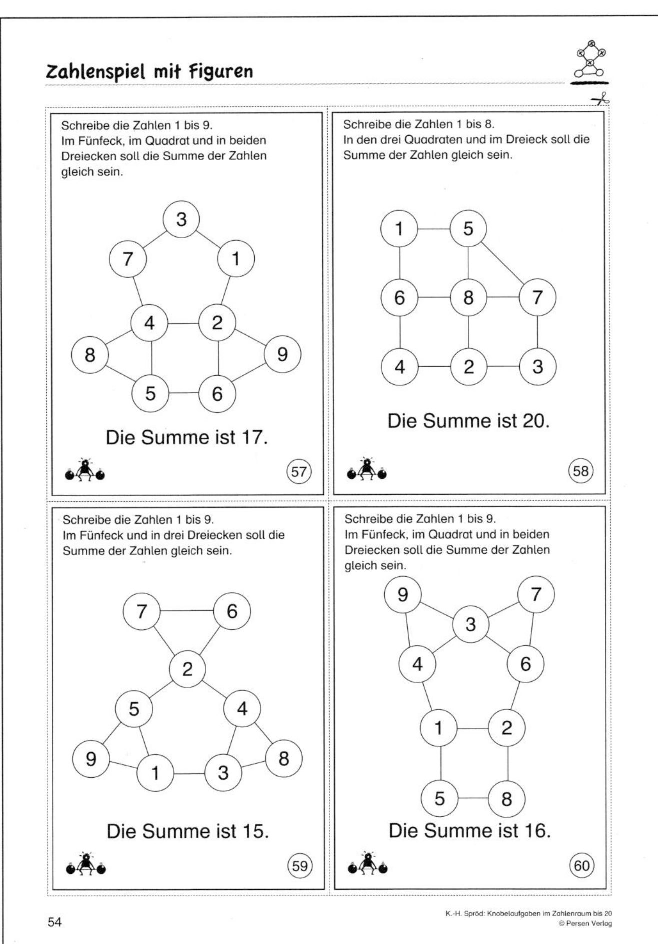

Zahlenspiel mit Figuren

Schreibe die Zahlen 1 bis 9.
Im Fünfeck, im Quadrat und in beiden Dreiecken soll die Summe der Zahlen gleich sein.

Die Summe ist 17.

57

Schreibe die Zahlen 1 bis 8.
In den drei Quadraten und im Dreieck soll die Summe der Zahlen gleich sein.

Die Summe ist 20.

58

Schreibe die Zahlen 1 bis 9.
Im Fünfeck und in drei Dreiecken soll die Summe der Zahlen gleich sein.

Die Summe ist 15.

59

Schreibe die Zahlen 1 bis 9.
Im Fünfeck, im Quadrat und in beiden Dreiecken soll die Summe der Zahlen gleich sein.

Die Summe ist 16.

60

54

K.-H. Spröd: Knobelaufgaben im Zahlenraum bis 20
© Persen Verlag

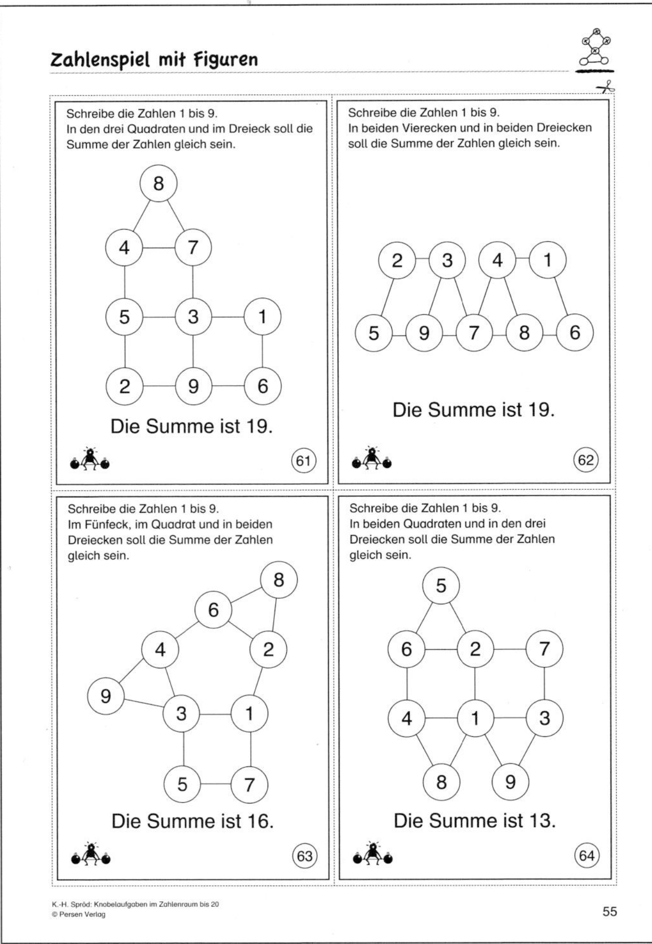

Zahlenspiel mit Figuren

Schreibe die Zahlen 1 bis 9.
In den drei Quadraten und im Dreieck soll die Summe der Zahlen gleich sein.

Die Summe ist 19.

61

Schreibe die Zahlen 1 bis 9.
In beiden Vierecken und in beiden Dreiecken soll die Summe der Zahlen gleich sein.

Die Summe ist 19.

62

Schreibe die Zahlen 1 bis 9.
Im Fünfeck, im Quadrat und in beiden Dreiecken soll die Summe der Zahlen gleich sein.

Die Summe ist 16.

63

Schreibe die Zahlen 1 bis 9.
In beiden Quadraten und in den drei Dreiecken soll die Summe der Zahlen gleich sein.

Die Summe ist 13.

64

K.-H. Spröd: Knobelaufgaben im Zahlenraum bis 20
© Persen Verlag

55

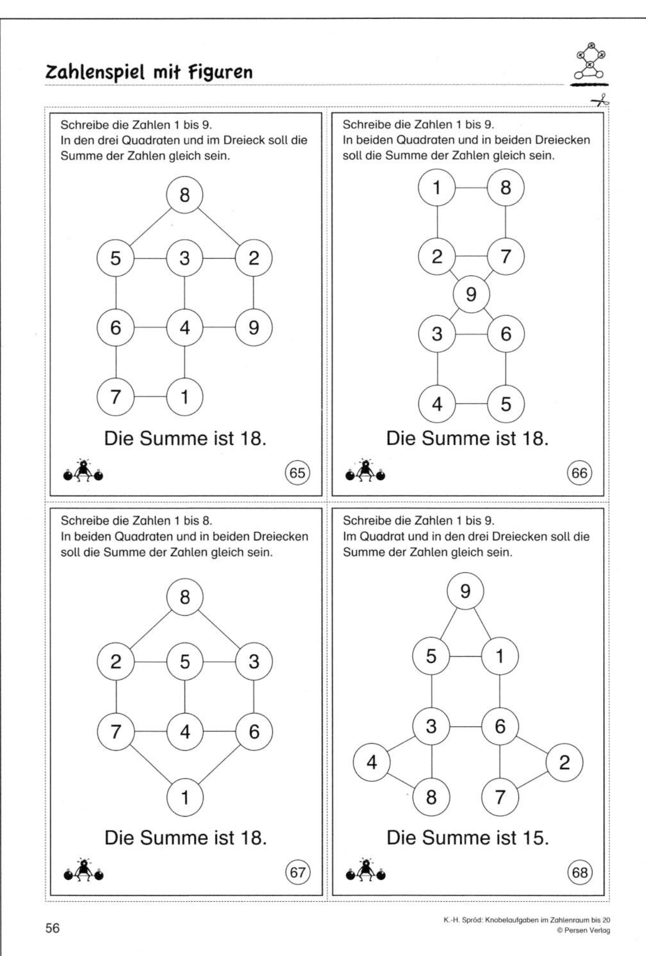

Zahlenspiel mit Figuren

Schreibe die Zahlen 1 bis 9.
In den drei Quadraten und im Dreieck soll die Summe der Zahlen gleich sein.

Die Summe ist 18.

65

Schreibe die Zahlen 1 bis 9.
In beiden Quadraten und in beiden Dreiecken soll die Summe der Zahlen gleich sein.

Die Summe ist 18.

66

Schreibe die Zahlen 1 bis 8.
In beiden Quadraten und in beiden Dreiecken soll die Summe der Zahlen gleich sein.

Die Summe ist 18.

67

Schreibe die Zahlen 1 bis 9.
Im Quadrat und in den drei Dreiecken soll die Summe der Zahlen gleich sein.

Die Summe ist 15.

68

56

K.-H. Spröd: Knobelaufgaben im Zahlenraum bis 20
© Persen Verlag

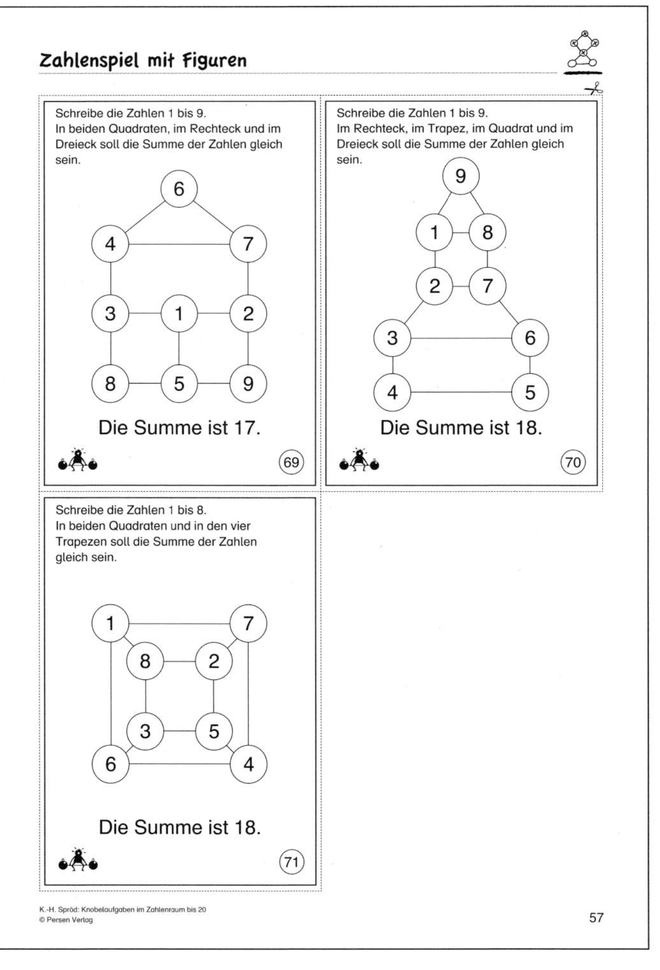

Zahlenspiel mit Figuren

Schreibe die Zahlen 1 bis 9.
In beiden Quadraten, im Rechteck und im Dreieck soll die Summe der Zahlen gleich sein.

Die Summe ist 17.

69

Schreibe die Zahlen 1 bis 9.
Im Rechteck, im Trapez, im Quadrat und im Dreieck soll die Summe der Zahlen gleich sein.

Die Summe ist 18.

70

Schreibe die Zahlen 1 bis 8.
In beiden Quadraten und in den vier Trapezen soll die Summe der Zahlen gleich sein.

Die Summe ist 18.

71

K.-H. Spröd: Knobelaufgaben im Zahlenraum bis 20
© Persen Verlag

57

K.-H. Spröd: Knobelaufgaben im Zahlenraum bis 20
© Persen Verlag

Differenzierte Übungsmaterialien für Ihren Unterricht!

Erich Hartmann, Christoph Müller

Lernfortschritts-diagnostik: Grundrechenarten

120 Drei-Minuten-Tests für den inklusiven Mathematikunterricht – Zahlenraum bis 100

Mit diesem praxiserprobten Diagnoseverfahren sind Sie gewappnet für eine individuelle Förderplanung in Ihrer Mathematikklasse! Die 120 Tests zu den Grundrechenarten im Zahlenraum bis 100 ermöglichen Ihnen nicht nur, die Lernstände Ihrer Schüler schnell zu erfassen – Durchführungshinweise, Lösungen und Lernverlaufs-Diagramme auf der beiliegenden CD machen die Auswertung und Dokumentation für Sie ebenso einfach. Durch das systematische Erfassen der Lernstände können Rechenschwierigkeiten von Kindern früh erkannt und die Grundlagen für eine individuelle Förderdiagnostik gebildet werden. Die Tests sind in wenigen Minuten durchzuführen und somit gut in den Schulalltag zu integrieren. So gelingt Ihnen eine fundierte Diagnose auch ohne großen Aufwand.

Lernstände schnell erfassen, auswerten und dokumentieren: So haben Sie jederzeit die Lernfortschritte aller Ihrer Schüler im Blick!

Buch, 140 Seiten, DIN A4, inkl. CD
1. bis 4. Klasse
Best.-Nr. 23421

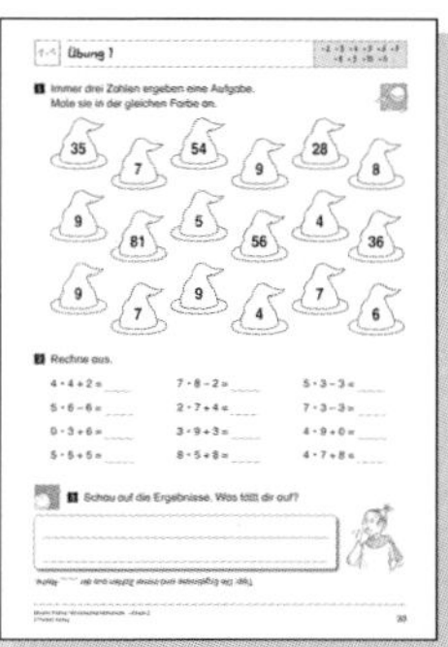

Mareen Krämer

Wochenpläne Mathematik – Klasse 2

Handlungsorientierte Materialien für den inklusiven Unterricht

Einmaleinsspiele, Muster fortsetzen oder einen Einkauf erledigen – die drei Wochenpläne zu den Themen Multiplikation, Körper und Figuren sowie zur Größe „Geld" enthalten Arbeitsblätter auf drei Niveaustufen. Dazu gehören auch Übungen für Kinder mit sonderpädagogischem Förderbedarf. Zu jedem Kapitel gibt es Pflichtaufgaben mit unterschiedlichen Aufgabenformaten, die zum Nutzen von Rechenstrategien auffordern. Für Wahlaufgaben finden Sie verschiedene Zusatzmaterialien wie Spiele oder Knobel- und Sachaufgaben. Eine CD mit Blankovorlagen, diversen Übersichten und allen Lösungen für die Kontrolle liegt dem Buch bei.

Das kleine Einmaleins, Körper und Figuren, Geld: drei komplett ausgearbeitete Wochenpläne für ALLE Ihre Schüler!

Buch, 93 Seiten, DIN A4, inkl. CD
2. Klasse
Best.-Nr. 23386

Marion Keil

Schriftliche Multiplikation inklusiv unterrichten / Schriftliche Division inklusiv unterrichten

Differenzierte Übungsmaterialien und Tests für den offenen Unterricht

Diese beiden Bände mit Arbeitsmaterialien zur schriftlichen Multiplikation und Division sind konsequent für den inklusiven Unterricht konzipiert. Ausgehend von der Theorie und Didaktik der beiden Rechenverfahren enthalten die Bücher methodische Hinweise zur Einführung von Multiplikation und Division für alle Ihre Schüler – eben auch für Kinder mit Förderbedarf. Die Arbeitsblätter für den offenen Unterricht gibt es in mehreren Differenzierungsstufen: Leichte und schwierige Rechenübungen sowie sehr einfache Aufgaben mit Regelblättern, die konkrete Anleitungen zur Schrittfolge für Kinder mit Schwierigkeiten enthalten. Differenziert sind ebenfalls die Hausaufgaben und Tests zur Lernstandserhebung. Zusätzlich finden Sie in diesem Band vielfältige Kopiervorlagen rund um die Freiarbeit sowie Blanko-Wochenpläne und Laufzettel.

Knackpunkte schriftliche Multiplikation und Division – mit diesen abwechslungsreichen Materialien fördern Sie jeden Schüler ganz individuell!

Schriftliche Multiplikation
Buch, 78 Seiten, DIN A4
3. und 4. Klasse
Best.-Nr. 23311

Schriftliche Division
Buch, 105 Seiten, DIN A4
3. und 4. Klasse
Best.-Nr. 23312

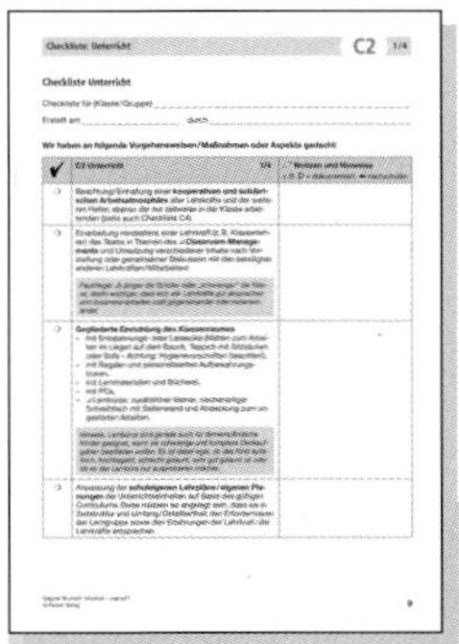

Dagmar Brunsch

Inklusion – was tun?

Checklisten für den inklusiven Unterricht an der Grundschule

Wer bisher noch keine sonderpädagogischen Erfahrungen sammeln konnte, kann sich durch die neuen Inklusions-Vorgaben der Ministerien schnell überfordert fühlen. Hier kommt jetzt Hilfe. Dieses Material unterstützt Sie darin, den neuen Anforderungen sicher zu begegnen. Es bietet Hilfestellungen, um eine inklusive Kultur sowie inklusive Strukturen und Praktiken an den Schulen zu entwickeln – und zwar in Form von einfachen Checklisten. Durch diese bekommen Sie einen schnellen Überblick und können dokumentieren, wo wichtige Prozesse schon in Gang gesetzt wurden und wo noch unbearbeitete oder unentdeckte Aufgabenfelder auf Sie warten. Das große Plus: Alle Checklisten stehen Ihnen zur individuellen Anpassung als veränderbare Word-Dateien auf CD zur Verfügung.

Inklusives Denken und Arbeiten – mit diesen Checklisten behalten Sie alles im Blick!

Heft, 62 Seiten, DIN A4, inkl. CD
1. bis 4. Klasse
Best.-Nr. 21022

Unser Bestellservice:

Das komplette Verlagsprogramm finden Sie in unserem Online-Shop unter

www.persen.de

Bei Fragen hilft Ihnen unser Kundenservice gerne weiter.

Deutschland: ✆ 040/32 50 83-040 · Schweiz: ✆ 052/366 53 54 · Österreich: ✆ 0 72 30/2 00 11

Handlungsorientiert den Umgang mit Größen lernen!

M. Bettner, E. Dinges, S. Petersen

Größen anschaulich

Materialien für einen handlungsorientierten Mathematik-Unterricht

Mit anschaulichen Beispielen aus dem täglichen Leben werden Zeit, Längen, Gewichte, Hohlmaße, Flächen und Geld handlungsorientiert thematisiert. Ihre Schülerinnen und Schüler sollen z. B. die Zeit eines Musikstücks sowohl mit einem tropfenden Wasserbehälter als auch mit einer Stoppuhr messen. Schulmaterialien werden gewogen, gemessen und verglichen. Münzen und Scheine müssen Preisen zugeordnet werden. Kleine Tests mit Lösungen erleichtern die Lernzielüberprüfung. **Schätzen, ordnen, messen und rechnen – so lernen Kinder den Umgang mit Größen!**

Zeit und Längen	**Gewichte, Hohlmaße und Flächen**	**Geld**
Buch, 80 Seiten, DIN A4	Buch, 75 Seiten, DIN A4	Buch, 80 Seiten, DIN A4
1. bis 4. Klasse	3. und 4. Klasse	1. bis 4. Klasse
Best.-Nr. 3727	Best.-Nr. 3486	Best.-Nr. 3460

Karin Behring

Daten, Häufigkeit und Wahrscheinlichkeit

Kompetenzorientierte Aufgaben und Tests zur Stochastik

Die Lebenswirklichkeit von Grundschulkindern umfasst viele vom Zufall bestimmte Phänomene, wie sie zum Beispiel bei Würfelspielen oder in der Lotterie auftreten. Mit diesen Materialien lernen Ihre Schüler, zufällige Ereignisse präziser zu erfassen, zu durchleuchten und zu benennen. Die Aufgabenkarten zum selbstständigen Bearbeiten können zur Übung und Vorbereitung der Testaufgaben eingesetzt werden. Bei den vielfältigen Denk- und Knobelaufgaben geht es darum, Häufigkeiten und Wahrscheinlichkeiten einzuschätzen oder Gewinnchancen bei Spielen auszurechnen. Die 13 Testaufgaben (Würfeln, Münzen werfen, Lose ziehen, Kreisel drehen) orientieren sich an den in den Bildungsstandards für den Mathematikunterricht formulierten Kompetenzen. Bei jedem Test sind inhaltsbezogene und allgemeine mathematische Kompetenzen ebenso ausgewiesen wie die Anforderungsbereiche der Bildungsstandards.

Heft, 46 Seiten, DIN A4
2. bis 4. Klasse
Best.-Nr. 3067

Marion Keil

Lernstationen Mathematik: Geometrische Körper

Handlungsorientierter Geometrieunterricht

Zu den wichtigsten Zielen des Geometrieunterrichts in der Grundschule zählen die Anbahnung der Raumvorstellung und die der Raumorientierung. Mit diesem Material können Sie das Thema „Geometrische Körper" systematisch einführen und vertiefen. An den 29 Lernstationen erarbeiten sich Ihre Schülerinnen und Schüler grundlegende Kenntnisse der Geometrie. Für alle Stationen stehen Lösungsseiten zur Verfügung. Eine Lernzielkontrolle gibt Ihnen einen Überblick darüber, was jedes Kind gerlernt hat.
Aus dem Inhalt: Geometrische Körper in der Umwelt, Kantenmodelle, Würfelnetze
29 Stationen komplett ausgearbeitet – so entwickeln Ihre Schüler nachhaltiges Verständnis für Geometrie!

Buch, 88 Seiten, DIN A4
3. und 4. Klasse
Best.-Nr. 3253

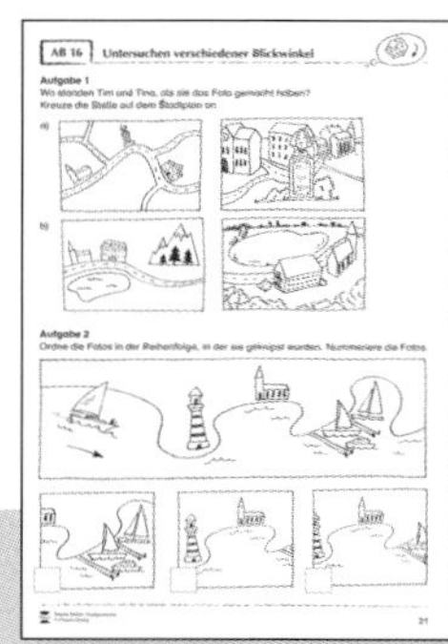

Sabine Müller

Kopfgeometrie

Arbeitsblätter zur Schulung des räumlichen Vorstellungsvermögens

Die Schulung des räumlichen Vorstellungsvermögens: eines der wichtigsten Themen des Geometrieunterrichts in der Grundschule. Mit diesem Band bekommen Sie endlich Arbeitsblätter an die Hand, mit denen Sie Raumorientierung und die visuelle Wahrnehmung von Informationen bei Ihren Schülern anbahnen und vertiefen können. Ob Spiegeln und Spannen von Figuren oder das Kippen und Drehen von Körpern – bei fast allen Aufgaben müssen Ihre Schüler zum Lösen mit den Figuren und Körpern im Kopf hantieren. Die Kopiervorlagen sind direkt und ohne große Vorbereitung im Unterricht oder als Hausaufgabe einsetzbar.
Geometrie mit Köpfchen!

Heft, 64 Seiten, DIN A4
3. und 4. Klasse
Best.-Nr. 23170

Unser Bestellservice:

Das komplette Verlagsprogramm finden Sie in unserem Online-Shop unter

www.persen.de

Bei Fragen hilft Ihnen unser Kundenservice gerne weiter.

Deutschland: ✆ 040/32 50 83-040 · Schweiz: ✆ 052/366 53 54 · Österreich: ✆ 0 72 30/2 00 11